刘瑶 著

全球失衡调整的
可持续性

THE SUSTAINABILITY OF
GLOBAL IMBALANCE ADJUSTMENT

一般规律与中国案例
THE LAW AND CHINESE CASE

社会科学文献出版社
SOCIAL SCIENCES ACADEMIC PRESS (CHINA)

探求全球经常账户变动规律的积极尝试
（代序）

进入 21 世纪之后，全球主要国家的经常账户失衡明显加剧。2007 年，中国、日本、德国的经常账户顺差均达到历史性高点，经常账户顺差占名义 GDP 的比重分别为 9.9%、4.6% 与 6.9%。美国、英国的经常账户逆差在 2006 年、2008 年相继达到历史性高点，经常账户逆差占名义 GDP 的比重分别为 5.9%、4.0%。

从 2003 年至 2008 年全球金融危机爆发前的几年时间中，关于全球经常账户失衡的讨论无论在国际还是国内都一度非常火爆。关于全球经常账户失衡成因的讨论很多，可以从顺差国角度与逆差国角度进行梳理。

主要的经常账户顺差国包括以中国为代表的东亚经济体以及位于中东、北非地区的石油输出国。石油输出国的经常账户顺差不言自明，故而不在重点讨论的范围内。至于东亚经济体的顺差，主流解释有两种。

第一种解释是，东亚国家普遍实施出口导向的经济增长战略，为了让其出口具有国际竞争力，东亚国家会系统性地压低本币汇率，而本币汇率被刻意低估是东亚国家具备持续经常账户顺差的根源。例如，曾经流行一时的"布雷顿森林体系 II"学说（代表性人物是 Michael P. Dooley、David Folkerts-Landau 与 Peter M. Garber）就持有这种观点。

第二种解释则从国民收入核算入手。在国民收入核算中，一国净出口等于该国储蓄与投资之差。换言之，如果一国国内储蓄大于国内投资，该国一定会出现经常账户顺差，而如果一国国内储蓄小于国内投资，该国一定会出现经常账户逆差。这种解释认为，出于各种原因，东亚国家居民部门的储蓄倾向较高，由此具有过剩储蓄（excess saving），这导致东亚国家具有持续的储蓄-投资缺口（储蓄大于投资），因此必然形成持续的经常账户顺差。上述观点的代表性人物是美联储前主席伯南克。

另一种视角是从主要逆差国尤其是美国的视角出发，主要包括三种解释。

第一种解释是，美国居民存在过度消费（举债消费）的情况，过度消费使美国居民的储蓄率很低，由此形成了持续的储蓄-投资缺口（储蓄小于投资）。美国需要依靠外部借款实现储蓄-投资平衡，而这意味着美国必然存在持续的经常账户逆差。

第二种解释是，美国金融市场具有非常强的全球竞争力，这好比宇宙中的暗物质（dark matter）。暗物质的存在意味着美国必然会出现持续的金融账户顺差（各种资金因受到吸引而流入），进而保证美国可以保持持续的经常账户逆差。暗物质假说的代表性人物是 Ricardo Hausmann。

第三种解释是，美国企业家从事全球股权投资与风险投资的能力很强。因此，其他主要国家会集中投资美国国债，美国在获得外部资金后，再由美国企业家对全球进行股权投资或风险投资。由此，美国一方面会获得投资专业技能的溢价（即海外投资净收益为正），另一方面会出现金融账户顺差与经常账户逆差（外国通过投资美国国债而借钱给美国）。这种假说的代表性人物是 Pierre-Olivier Gourinchas 和 Hélène Rey。

我认为，全球经常账户失衡是一般均衡问题，上述不同解释无非触及问题的不同侧面。将各种解释合并起来，有助于我们更加全面地看待此问题。

然而，纯粹经济学问题一旦走到全球政策层面，就会成为主要国家之间博弈的工具与手段。例如，美国政府自然会从顺差国解释一与解释二出发，认为全球经常账户失衡的主要责任在于顺差国，要求顺差国通过本币汇率升值与扩大消费缓解全球失衡。反过来，顺差国政府自然会从逆差国解释一出发，认为全球经常账户失衡的主要责任在于逆差国，要求逆差国通过抑制本国居民过度消费缓解失衡。

以上国家之间的相互争论，其实就好比争论是"供给创造需求"还是"需求拉动供给"，抑或是"鸡生蛋"还是"蛋生鸡"的问题，自然难以达成共识。例如，2010 年，美国政府提出了一国应该将经常账户余额绝对值占名义 GDP 的比重控制在 4% 以内的倡议，但这一倡议并未得到中国等顺差国的响应。又如，2015 年，我作为中国财政部国际经济关系司的高级顾问，参加了二十国集团（G20）增长与稳定框架工作组的多次国际会议。在这些会议上，我与美国代表针锋相对，就全球经常账户失衡的主要责任归属问题展开激烈辩论，然而谁也说服不了谁。

除了全球经常账户失衡的成因之外，另一个讨论得非常热烈的问题就是全球经常账户失衡的可持续性。上述关于逆差国视角的解释二与解释三，其实就是在论证全球经常账户失衡是可持续的。不过，在2008 年全球金融危机爆发之前，更多学者认为当时的全球国际收支失衡难以持续。

当时的主流担忧是，美国的持续经常账户逆差将会导致美国对外净债务不断攀升。一旦美国对外净债务规模超过了特定阈值，国际投资者对美元资产的信心就会崩溃，继而会大幅削减美元资产，而这必然导致美元显著贬值以及美国长期利率显著上升，从而引发全球金融危机。

2008 年，全球金融危机果然爆发了。但大多数人都没有想到，这次危机并未遵循上述预测路径，而是由美国房地产泡沫破灭进而刺破金融衍生品泡沫所致。这次危机的根源是美国的金融监管没有跟上金融创新的步伐，对次级抵押贷款、CDO 等金融产品的监管不足。当然，全球流动性过剩造成的美国房地产泡沫风险上升与"欧债五国"主权债务攀升，则是本次全球金融危机爆发的重要前提。

全球金融危机结束后，全球经常账户失衡明显缓解。例如，2009~2020 年，美国经常账户逆差占名义 GDP 的比重一直保持在 3%之内。又如，2011~2022 年，中国经常账户顺差占名义 GDP 的比重也一直保持在 3%之内，且年度均值仅为 1.7%。

全球经常账户失衡缓解的原因，既有周期性因素，也有结构性因素。所谓周期性因素，是指危机后全球经济增长明显放缓导致全球经常账户失衡收窄。所谓结构性因素，则是指全球人口老龄化加剧、全球技术进步速度放缓、逆全球化趋势抬头等中长期因素。如果全球经常账户失衡缓解的原因主要是周期性因素，那么随着全球经济增速回升，经常账户失衡可能再度加剧。而如果失衡缓解的原因主要是结构性因素，那么像过去那么严重的经常账户失衡就很难重演。

近年来另一个值得重视的问题是，全球国际收支失衡出现了流量失衡缓解，但存量失衡加剧的背离现象。所谓流量失衡缓解，是指主要国家经常账户余额绝对值占名义 GDP 比重的趋势性下降。所谓存量失衡加剧，是指主要国家海外净资产或净负债占名义 GDP 比重的抬升。为什么在流量失衡缓解的前提下，存量失衡反而会加剧呢？这主要与汇率和资产价格变动带来的估值效应有关。

例如，美元对主要国际货币升值，这会降低美国海外资产折算为美元的规模，从而导致美国对外净债务的攀升。又如，外国投资者大量投资于美国股市，而美国投资者也大量投资于海外股市。如果美国股市表现好于海外股市，那么美国对外债务的上升将会快于对外资产的上升，进而导致对外净债务的攀升。2019~2021 年，美国海外净负债占名义 GDP 的比重由 55% 上升至 78%，一方面是由于美元指数的强劲升值，另一方面则是因为美国股市表现明显好于全球股市。

从 2004 年进入中国社会科学院世界经济与政治研究所读博开始，在导师余永定老师的建议下，我就持续关注国际收支与全球经常账户失衡问题。2017 年，刘瑶同学进入中国社会科学院世界经济与政治研究所读博，并成为我指导的第一位博士生。在我的建议下，刘瑶将国际收支失衡的可持续性及潜在影响作为博士论文研究的核心问题，围绕这一问题开展了持续深入的研究，并取得了一系列重要成果。呈现在读者面前的这部著作，就是刘瑶近年来相关研究成果的一部分。

国际收支与经常账户失衡问题是国际金融研究的重要领域。要准确把握这一领域的最新动态（无论是数据变化还是研究动向），需要持续不懈的努力。希望刘瑶博士能够持续深耕这一领域，并结合数字贸易、绿色贸易等新趋势开展融合研究，争取既能取得高质量研究成果，也能为中国政府在相关领域提出中肯的政策建议。作为中国社会科学院这一国家高端智库的学者，最重要的责任就是把论文写在祖国的大地上，履行研究报国这一崇高使命。

学术是一场马拉松。我是已在中途的跑者，而刘瑶的奔跑才刚刚开始。在此，我愿意用纪伯伦的一句话结束本文，并与刘瑶博士共勉："借由劳动来热爱生命，便是懂得了生命最深处的奥秘。"

张　明

中国社会科学院金融研究所副所长

国家金融与发展实验室副主任

目　录

前　言 / 001

第一章　绪论 / 001

第一节　研究背景及意义 / 001

第二节　研究现状及创新点 / 004

上篇　全球失衡调整的可持续性：一般规律

第二章　全球失衡调整的特征事实、驱动因素与有效路径 / 023

第一节　全球失衡调整的特征事实 / 023

第二节　全球经常账户失衡调整的驱动因素 / 035

第三节　全球失衡调整的有效路径 / 042

第四节　结论 / 047

第三章　全球失衡调整的可持续性

　　　　——基于 EBA 经常账户法的视角 / 049

第一节　EBA 经常账户法简介 / 051

第二节　实证模型构建、变量的选择及实证思路 / 054

第三节　实证结果分析 / 061

第四节　稳健性检验 / 075

第五节　结论 / 081

第四章　全球失衡调整的可持续性

　　　　——基于存量与流量框架的分析 / 084

第一节　存量与流量调整分析框架 / 084

第二节　2008 年全球金融危机后各经济体存量调整的原因及可持

　　　　续性 / 085

第三节　存量调整细分项解释危机后典型国家失衡的演进 / 089

第四节　结论 / 091

下篇　全球失衡调整的可持续性：中国案例

第五章　中国经常账户演进的原因、趋势与应对 / 095

第一节　中国经常账户调整的主要特征 / 096

第二节　中国经常账户调整的原因 / 099

第三节　中国经常账户走向的前景展望 / 110

第四节　结论 / 116

第六章　新冠疫情发生后中国国际收支的变化、影响与展望 / 117

第一节　新冠疫情发生后中国国际收支的结构性变化 / 118

第二节　新冠疫情后中国国际收支变动的成因 / 123

第三节　中国国际收支变动的潜在影响 / 130

第四节　新冠疫情后中国国际收支走向的展望 ／ 132

第五节　结论与政策含义 ／ 135

第七章　非金融企业杠杆率、公司储蓄与中国经常账户调整 ／ 137

第一节　文献回顾：失衡与企业杠杆率 ／ 140

第二节　理论机制与研究假设 ／ 145

第三节　实证研究：企业杠杆率驱动储蓄率变动的微观证据 ／ 150

第四节　稳健性检验 ／ 164

第五节　结论与政策启示 ／ 177

第八章　结论与政策建议 ／ 180

第一节　结论 ／ 180

第二节　政策建议 ／ 183

参考文献 ／ 190

前　言

近几十年来，全球失衡一直是国际金融领域的重大问题，也是当今世界运行的突出特征。进入 21 世纪以来，在全球范围内以美国、欧洲为代表的发达经济体出现了持续的经常账户逆差，以中国为代表的新兴经济体、德国、日本和部分石油输出国则出现了持续的经常账户顺差，并一度在 2008 年金融危机前达到顶峰。2008 年全球金融危机爆发后，全球失衡呈现"经常账户失衡显著缩减、债务存量继续扩大"的非对称性演进特征，部分经济体失衡一度改善后又显著恶化，部分经济体失衡程度甚至超过危机前，部分经济体呈现显著的经常账户走向与净国外资产走向（流量与存量）背离的态势。在这轮全球失衡收缩的背后，有哪些共性规律？此轮全球失衡的改善是否可持续？各国在这轮国际收支调整中扮演着何种角色？这些问题均值得探讨。

作为大型开放经济体与转型经济体，中国在此轮全球失衡的调整中扮演着重要角色，并形成了中国特色的国际收支演进模式。1999~2011 年，中国曾连续 13 年出现经常账户顺差与非储备性质金融账户顺差并存的国际收支格局。而 2011 年后，中国经常账户顺差规模呈现显著缩小趋势，甚至在个别季度出现过小幅经常账户逆差，实现了经常账户再平衡。与此同时，中国的净国外资产规模并未显著增加，如此大规模的经常账户顺差无法如期转换为可观的储备资产，这种特有的中国国际收支的调整是否具有可持续性？2008年金融危机后，中国私人部门的储蓄率阶段式下降，非金融部门杠杆率一度呈现持续攀升走势，这种国内经济的结构性变动是否与对外部门国际收支的调整有关？可以说，全球失衡调整背后的中国案例同样引人深思。

本书收录了2018～2022年来我在全球失衡领域的相关研究，聚焦2008年金融危机爆发后的全球失衡改善，讨论了此轮失衡调整背后的共性规律与中国案例。全书共分为八章，除第一章绪论、第八章结论与政策建议之外，可划分为上下两篇。上篇着眼于"全球失衡调整的可持续性：一般规律"，包括第二～四章。其中，第二章为全球失衡调整的特征事实、驱动因素与有效路径，第三章为全球失衡调整的可持续性——基于EBA经常账户法的视角，第四章为全球失衡调整的可持续性——基于存量与流量框架的分析。下篇直面"全球失衡调整的可持续性：中国案例"，包括第五～七章。其中，第五章为中国经常账户演进的原因、趋势与应对，第六章为新冠疫情发生后中国国际收支的变化、影响与展望，第七章为非金融企业杠杆率、公司储蓄与中国经常账户调整。

第一章讲述了全球失衡调整发生的背景、全球失衡的演进及以往研究概况。与2008年金融危机爆发前相对照的是，此轮全球失衡的调整呈现经常账户流量规模显著缩减、存量规模继续上升的特征，这种现象值得深入挖掘。

第二章研究发现全球失衡呈现流量与存量的非对称调整的特征，主要经济体流量失衡有所缓解，存量失衡仍继续加剧，中国经常账户盈余的缩减与欧洲债务国赤字的下降在本轮经常账户流量调整中发挥着关键作用。缓解长期全球失衡，各国要通过国内经济政策的调整来避免储蓄-投资缺口的重新扩大，继续推动实际有效汇率沿着正确的方向调整，并基于自身比较优势挖掘在全球价值链方面的提升潜力。除各国自身改善国际收支的努力之外，加强国家间的政策协调与合作也是当务之急。

第三章采用 EBA 经常账户法，探讨危机后全球经常账户失衡的调整是否具有可持续性，并将经常账户相对规模的驱动因素划分为结构性因素、周期性因素与政策性因素。通过分阶段定量分析发现，2008 年金融危机爆发后，发达国家经常账户失衡的调整主要由结构性因素决定，但考虑到发达国家多为经常账户逆差国，因此此轮结构性因素触发了发达国家经常账户的消极调整；发展中国家经常账户失衡的调整主要由周期性因素导致，且触发了经常账户的被动改善。

第四章通过构建存量与流量调整分析框架，从存量与流量双重视角出发，分析全球失衡调整的可持续性，研究发现大部分国家并未实现存量与流量失衡的双重改善，少数改善的国家此轮调整主要归因于不稳定的估值效应。结合上章结论，这意味着，基于发达国家未进行积极的结构性改革，人口变量对经常账户失衡的负向驱动作用短时间内难以改变，而由于世界经济增长速度放缓，"中心-外围"的发展格局难以打破，驱动发展中国家近年来经常账户失衡改善的周期性变量产出缺口占 GDP 比重难以为继。随着全球经济的周期性复苏，全球失衡的问题很可能卷土重来，并再度成为热门话题。而一旦全球失衡再度加剧，就可能引发国际贸易与投资出现争端和冲突，并加剧全球范围内的贸易保护与投资压力。

第五章分析了 2008 年金融危机后中国经常账户失衡的演进、原因与应对。作为全球失衡调整的代表性国家，中国经常账户规模在危机后呈现显著缩减趋势。研究发现，商品贸易顺差的缩减，服务贸易逆差的扩大，主要贸易伙伴的调整，非食用原料（燃料除外）、矿物燃料与润滑油及有关原料、旅行逆差规模的扩张，经济增速的下行，储蓄-投资缺口的缩减以及人民币实际有效汇率的升值共同解释了经常账户的调整。中国政府应未雨绸缪，继续深化经济结构改革，防范化解国内金融风险，以稳定向好的经济基本面应对对外部门的"不确定性"。

第六章探讨了新冠疫情冲击对中国国际收支的影响、新冠疫情是否将触发中国国际收支格局发生变动，重新梳理了疫情发生后中国国际收支的走向，发现中国国际收支的长期性趋势并未扭转，跨境双向投融资依然较为活跃，国际收支实现基本平衡，国际投资头寸状况基本稳健，对外金融资产与负债稳步增加，但是中国国际收支部分子项目显著的结构性变化依然需要引起重视，这可能对宏观经济构成一定的潜在影响。

第七章讲述了一个有代表性的中国案例。首次从微观视角出发，猜想危机后中国经常账户盈余的显著缩减可能与非金融企业主动加杠杆行为有关，这与已有文献大多从居民储蓄与政府储蓄视角研究经常账户调整问题形成鲜明对比，也为危机后中国经常账户加速再平衡提供了一个全新的研究视角，并得出详尽的研究结论。

第八章总结概括了全书的主要结论，并提出以下政策建议：深化经济结构调整，优化国际收支结构；发展多边贸易往来，调整产业结构；优化对外资产与负债结构，提高国民福利；构建宏观审慎监管框架，防范外部风险向内部传导。

总体而言，本书将全面讲述危机后全球失衡调整的故事，尽管此轮调整呈现区域、经济体、存量与流量步伐的异质性，但依旧可以揭示诸多共性客观规律。正所谓"太阳底下无新事"，在漫漫的历史长河中，此轮全球失衡的改善可能只是穿越周期中不经意的一瞥，却依旧能为宏观经济决策者留下丰富的国际收支转型经验。

这些年，我围绕国际收支与跨境资本流动问题开展了广泛而密集的研究，并得到了国内外师友的支持与肯定。从攻读硕士时起，我开始持续关注国内储蓄变动与全球国际收支失衡问题。我的博士导师中国社会科学院金融研究所张明研究员是国际收支与跨境资本流动领域的著名学者，他为我博士期间及往后的研究指明了清晰的方向，此后我关于国际收支的研究大多围绕全球失衡调整的可持续性与潜在影响两方面展开，并在国内外权威及核心期刊上发表了一系列研究成果，这些成果离不开导师数年如一日的耐心指导与多次修改。多年来，我的硕士导师首都经济贸易大学李婧教授始终关心着我，并对我的研究提供了多方面的帮助与指导。此外，中国社会科学院世界经济与政治研究所的高海红、孙杰、姚枝仲、张斌、肖立晟、王永中、东艳、刘仕国、高凌云、王碧珺与周学智老师，中山大学的王伟老师，首都经济贸易大学的郝宇彪老师，中国农业银行的张斌、解祥优，中国银保监会的高明宇，中国民生银行的吴远远都曾为我的研究提供宝贵的意见与建议。2019~2020 年，我前往美国波士顿大学开展一年的访问研究，合作导师 Kevin Gallagher 教授在资本流动与对外直接投资领域具有深刻的见地，对我后续研究启发很大。此外，师门小伙伴刘乃郗、李曦晨、朱子阳、陈胤默、刘锐、王喆、张冲、孔大鹏、潘松李江、路先锋多次就国际收支问题与我展开探讨。在此，我深感持续而系统地开展团队研究是一件快乐而又有意义的事。

受本人学识及数据可得性限制，本书对全球失衡调整规律的部分解释仍欠缺深刻性，希望读者批评指正。在往后的时光里，我将继续跟踪国际收支领域的前沿研究，深耕全球失衡的演进，以求更深入地探索全球国际收支领域的未知问题，更生动地讲好中国故事。

第一章 绪论[*]

第一节 研究背景及意义

一 研究背景

自 20 世纪 90 年代末以来，全球失衡（global imbalance）开始成为学界的热门话题。以国际收支为考察对象，全球范围内以美国、欧洲为代表的发达经济体出现了持续的经常账户逆差，以中国为代表的新兴经济体、德国、日本和部分石油输出国则出现了持续的经常账户顺差；进入 21 世纪以来，全球失衡愈演愈烈，并一度在危机前达到顶峰。

2008 年国际金融危机爆发后，总需求的骤降导致一度愈演愈烈的全球经常账户失衡出现显著改善，关于外部平衡的讨论也由"失衡是否将持续下去"转变为"再平衡能否真正实现"。全球失衡的调整（global imbalance adjustment）是指各经济体以经常账户为代表的

　＊　本章部分内容曾发表于《世界经济研究》2018 年第 7 期，合作者为张明。

流量失衡得以显著缓解、经常账户顺差或赤字得以改善，达到基本平衡的状态。① 然而，危机后全球失衡的改善是否具有可持续性，至今存在较大争议。如果此轮全球经常账户失衡的改善是周期性因素驱动的，那么随着全球经济复苏回暖，经常账户的失衡又会卷土重来；如果这种改善是结构性因素推动的，那么各国可继续沿此路径调整，实现经常账户再平衡、经济复苏且平衡增长。此外，只有一国经常账户与净国外资产存量问题都改善，才能真正实现全球失衡的调整。如今全球金融危机爆发已 15 年，将风险防患于未然、寻找可持续的增长路径尤为重要。此轮危机后，全球失衡的调整出现哪些规律、呈现何种调整路径、背后的原因是什么、是否具有可持续性②、中国在全球失衡调整中扮演何种角色、遵循怎样的演进路径，以上即是本书的重点研究问题。

此外，需要指出的是，全球失衡广义的定义包含经常账户的流量失衡与以净国外资产为代表的存量失衡。因此本书研究全球失衡问题时，将以经常账户为主，结合净国外资产（存量）失衡进行分析，力求更全面地理解 2008 年金融危机后全球失衡的调整。

二 研究意义

全球失衡的调整关乎国际金融体系的稳定与各国经济增长的可持续前景，失衡的改善关乎一国金融稳定与外部风险防范。同时，分析经常账户变动的经济影响有助于防范外部风险向国内传导、转

---

① 经常账户基本平衡的状态并不意味着经常账户余额绝对为零，而是保持经常账户余额可控、顺差或逆差比例相对较小的相对稳定状态。
② 全球失衡的调整具有可持续性通常是指各经济体以经常账户为主要标尺的外部失衡普遍得到长期有效的缓解，各国经常账户在长期内实现基本平衡。

移，并能及时做出政策调整。因此，本书研究意义主要包括以下两方面。

（一）理论意义

本书以全球失衡调整的可持续性为研究对象，在如下方面具有重要的理论意义。第一，以更广阔的视角梳理了经常账户正向或负向调整中不同组别国家在国际收支变动、政策协调及经济结构转型中的共性和异质性特征，丰富且完善了世界经济理论，有助于深入理解全球失衡问题。第二，整合现有文献，本书丰富了国际收支相关理论，从共性规律到中国故事，探索了全球失衡调整的典型特征与特殊规律。第三，定量揭示了各阶段全球失衡调整的驱动因素及全球失衡调整的潜在渠道，将理论模型与 IMF 开发的 EBA（external balance assessment）经常账户法进行深度融合，克服了以往实证研究中解释变量缺乏直截了当的政策含义及代理变量过于简单等缺陷，更加全面准确地刻画了全球失衡调整的时空分布特征。

（二）实践意义

本书在国际收支领域的研究具有重要的实践意义。第一，国内关于全球失衡调整的定量实证分析较少，而本书梳理了 2008 年金融危机后全球失衡异质性调整的特征事实，并采用实证方法对全球失衡调整的可持续性做出客观判断。第二，将改进后的外部均衡理论框架与存量和流量调整相结合，从存量和流量的双重视角探索了全球失衡调整的可持续性。第三，在研究方法上，通过构建跨国面板回归、分组回归方式，探索了各阶段全球失衡调整由何种类型驱动因素决定，探求未来全球失衡的走向。第四，基于时间、空间等维度梳理了全球失衡调整的特征事实，有针对性地提出有效应对策略与国家间政策的协调安排。

第二节 研究现状及创新点

目前，学界关于 2008 年金融危机前全球失衡的状况及特征事实方面的分析结论大体一致，但对于失衡的根源及危机后经常账户再平衡的特征事实、驱动因素等存在较大的争议，针对国际收支调整的流量和存量之争尤为显著。虽然对于危机后经常账户失衡绝对规模和相对规模显著改善的根本事实，学者们大多予以确认，但是对这种现状是否称得上有益调整，是否具有可持续性依然存在广泛的分歧。此外，危机后关于全球失衡和经常账户的文献讨论显著减少，这可能与传统的外部失衡理论难以解释当今复杂的国际收支变动问题有关。因此，本节将对全球失衡及经常账户调整的文献进行梳理，对危机后经常账户的演进进行回顾，厘清背后的根源与驱动因素，并对学界预测的经常账户未来走向进行归纳，试图概括现有研究可能存在的不足之处、探索方向及创新点。

一 全球失衡的动态演进特征

20 世纪 90 年代以来，随着全球化的逐渐推进和国际分工的跨国承担，全球主要经济体国际收支呈现显著变化：主要发达国家开始出现日益增长的经常账户赤字，而主要新兴经济体则积累了持续的经常账户盈余，其中，美国和中国是典型的代表（Bernanke, 2005）。2005 年，IMF 前总裁 Rato 首提全球失衡（global imbalance）的概念，认为全球失衡主要以贸易失衡为表象，其特征是以中国为代表的新兴市场国家存在巨额的贸易盈余，同时以美国为代表的发达国家存在巨大的贸易赤字，持同样观点的还有 Obstfeld（2014）、Cooper（2015）、陈继勇和胡艺（2007）等。

随着经常账户失衡的加剧与全球经济增速的分化，不少学者认为失衡的外延应进一步扩大，涵括各国经济结构的多方面不平衡，可划分为外部失衡和内部失衡。例如，张燕生（2006）认为全球失衡应包括总量失衡、系统性失衡和制度失衡三部分，并且三部分是层次递进的；黄薇（2012）的研究表明全球失衡主要表现为外部失衡、内部失衡与金融往来失衡。尽管这些定义大异其趣，但无疑是以经常账户为分析视角从而进一步演进的。为了进一步界定失衡，Cline 和 Williamson（2008）提出将经常账户余额/GDP 的绝对值超过 3% 作为失衡的判定标准，在 2010 年的 G20 峰会上，美国政府代表提出将这一数值界限调整至 4%，这两种分界线也成为国内外学者最常用的判断标准。

在国别层面，中国作为主要失衡国扮演了重要的角色。自从加入世贸组织后，中国经常账户余额持续攀升，从 354 亿美元（2002 年）一路扩大至 4206 亿美元（2008 年）[①]，绝对值规模增加了十倍多，同时除去亚洲金融危机期间中国曾出现短暂的资本与金融账户逆差之外，中国在较长时间内延续了国际收支双顺差的局面。根据经典的宏观经济理论，一国在正常情况下国际收支应呈现"一顺一逆"的状态，Crowther（1957）描绘了一国国际收支必经的六个阶段：年轻债务国、成熟债务国、债务偿还国、年轻债权国、成熟债权国和债权减损国。并指出伴随着经济增长，经常账户将逐渐经历"逆差-顺差-逆差"的过程。然而，中国并未经历上述过程，如此长时间存在收支双顺差实属罕见。

---

① 数据来源于世界银行 WDI 数据库。

2008 年金融危机爆发后,全球经常账户的演进呈现新变化和新趋势:首先,全球经常账户失衡的规模较危机前显著下降;其次,各经济体经常账户的走势在调整中分化,特别是欧债五国、中东与北非国家,失衡程度甚至超过了危机之前;最后,中国和美国在失衡的调整中扮演了重要角色(刘瑶和张明,2018a)。事实上,自从 2009 年 9 月,G20 峰会首提全球经济再平衡(global rebalance)的概念后,平衡全球经济增长、改善经济结构成为危机后复苏的重要部分。然而,关于经常账户再平衡是否存在,还是存在一定的争议,主要表现为流量与存量之争,由于从存量上看失衡的调整并不显著,部分学者质疑再平衡是否存在(Bettendorf,2017)。

与此同时,中国经常账户的走势在危机后呈现显著变化:无论经常账户的绝对规模还是相对规模都表现出显著改善。张明(2010)从储蓄-投资缺口视角出发,将国民储蓄和投资细分为居民、企业和政府三部门,认为中国经常账户的调整是政府和企业部门的高储蓄造成的,经常账户的调整必然表现为储蓄-投资缺口的缩小。刘瑶等(2019)梳理了危机后中国经常账户的调整表现出顺差规模缩小、内部细节项调整、季节效应显著的特征事实,并且认为中国双顺差的国际收支状况很可能即将成为历史。Xu 等(2021)认为尽管 2020 年中国经常账户余额出现较为显著的提升,但由于社会保障的强化与财政赤字扩大的结构性变迁,中国经常账户水平的中长期趋势仍可能向下。

二 2008年国际金融危机前全球失衡的根源

分析危机前失衡的根源有助于我们判定危机后全球失衡的调整是否具有可持续性。关于此类问题,学者们以多样化的视角,选择全球或者某一特定国家为研究对象。

将全球失衡作为研究对象时，现有文献大多从以下角度解释失衡的根源。

第一，依据国民收入恒等式，$S-I=X-M=CA$，即经常账户余额等于储蓄与投资缺口，也就是说外部失衡实际是内部失衡的镜像。

自 20 世纪 90 年代以来，新兴经济体普遍积累了较高的国民储蓄，这被认为是抵御市场风险的重要减震器之一。然而，部分国外研究片面地将等式一侧的变动作为经常账户失衡的解释，将全球经济失衡归因于新兴经济体的高储蓄。Bernanke（2005）提出全球储蓄过剩假说（global saving glut），认为全球经济失衡源于存在过剩的储蓄，亚洲国家出台各种宏观经济政策干预经济、扩大出口，石油价格上升，发达国家投资机会减少，人口老龄化，造成亚洲国家的储蓄过剩。持同样观点的还有 Eichengreen（2006）、Hubbard（2006）、Park 等（2009）。

针对失衡的"高储蓄论"，不少学者予以反驳。余永定和覃东海（2006）指出国民收入恒等式是经济运行自动调节的结果，左边与右边并不互为因果，以此解释全球经济失衡显然是错误的。Taylor（2009）、殷剑峰（2013）更是用数据表明，近几十年全球非但没有出现储蓄过剩反而存在储蓄不足，与 20 世纪 70~80 年代相比，进入 21 世纪以来全球储蓄明显短缺。余永定和覃东海（2006）以中国双顺差为例，从国民收入恒等式出发，说明收支失衡的根源在于中国长期推行吸引 FDI 的优惠政策，特别是加工贸易型 FDI 政策。张明（2007）从一般均衡的角度指出全球国际收支失衡是由美国的投资储蓄缺口以及东亚国家与石油输出国储蓄过剩共同导致的。

第二，汇率的视角也经常被用于解释全球失衡的原因，特别是用于经常账户失衡的国别分析，Obstfeld（2008）、Krugman（2009）认为，以中国为代表的新兴经济体通过操纵汇率导致本币币值低估，进而造成美国等发达国家的贸易失衡。然而，更多的学者从实证角度对这一观点予以反驳，例如，姚洋（2009）的实证研究表明，人民币低估对中美贸易失衡的贡献度不足 2%。杨盼盼和徐建炜（2014）认为汇率黏性是导致全球失衡持续的短期因素，应有针对性地予以解决。张明（2010）指出中美经常账户失衡源于汇率失调与进出口管制，美元汇率高估与出口管制造成美国经常账户的持续赤字，人民币汇率低估与扭曲的出口退税制度造成中国经常账户持续赤字。

第三，国际产业分工、消费比例、人口结构也是影响全球失衡的重要因素。根据比较优势和全球价值链理论，美国等发达国家和中国等新兴市场国家的比较优势产业、市场成熟度及开放度、产业分工所在位置的差异等因素，也是导致全球经常账户失衡的重要原因。徐建炜和姚洋（2010）的研究表明，国际分工与金融市场摩擦是导致全球经济失衡的重要原因，其测算说明此因素可以解释中美贸易盈余的 2/3；蔡兴和肖翔（2017）在以上研究的基础上，提出人力资本平均水平和分布的差异驱动产生国际分工新形态，并且也是导致全球经常账户失衡的根源。Hochmuth 等（2019）的研究表明劳动力市场变革、预防性储蓄动机与全球失衡有关。Gu 等（2020）的研究表明，全球经常账户失衡的重要原因之一是各经济体消费占收入的比例不平等。张幼文和薛安伟（2013）认为，在经济全球化背景下，要素流动的国家结构、产业结构和分工结构共同揭示了全球经济失衡的原因。

此外，人口结构也常用于解释这一问题，根据宏观经济学的生命周期假说与永久性收入理论，人口结构影响边际消费效应，从而影响边际储蓄效应，储蓄与人口年龄结构密切相关。对于一国而言，拥有年轻人口较多的国家储蓄比例较低。殷剑峰（2013）建立了两国交叠世代模型，以分析全球储蓄率下降及全球经济失衡的机制，计量结果表明高收入国家和中上等收入国家并非对等的经济体，前者的储蓄行为引起全球储蓄率的变动，中上等收入国家人口结构的变动为前者储蓄率下降提供了条件，以人口结构为特征的两类国家储蓄行为的非对等性是全球经济失衡的主要原因。朱超等（2013）对 126 个国家的全球面板数据进行分析，结果显示经常账户余额和人口抚养比存在逆向关系，人口结构是影响资本流动的重要因素。

第四，还有一部分学者从国际货币体系角度出发分析失衡问题。基于布雷顿森林体系产生的特里芬难题，任何一种主权货币作为国际储备货币都不能适应国际清偿能力的客观需要。Mckinnon（2005）、Mundell（2007）、廖泽芳和彭刚（2013）、王国刚（2013）认为以美元为本位币的当今国际货币体系存在明显缺陷，美元作为国际主要计价、结算、储备货币的地位是美国经常账户长期存在逆差的主要原因。王汉儒（2012）的研究更是表明，特里芬难题和谨慎动机与信心悖论的缺陷经由经常账户与资本账户传导，共同导致全球经济失衡。

第五，针对中国经常账户失衡及国际收支双顺差根源的研究视角也趋向多元化。余永定和覃东海（2006）从国民收入恒等式的视角出发，指出中国双顺差的本质是中国未充分将外国储蓄转化为国内投资，而外资企业代替国内企业充分利用了国内储蓄，同时，双顺差是中国长期吸引加工贸易型 FDI 的结果，最终将不可持续。祝丹涛（2008）从金融发展的视角对此做出解释：金融体系的效率决定了储蓄转化为投资的有效性，中国金融效率偏低导致储蓄"偏高"，难以转化为有效投资，造成经常账户的"表面盈余"。Fu 和 Ghauri（2020）认为贸易失衡的新变化与无形贸易的飞速发展有关。

三　经常账户失衡与变动：理论与实证分析

关于经常账户失衡及变动的文献主要可分为两类：第一类主要探讨经常账户均衡的决定理论及不同时期经常账户走向的驱动因素，以理论文献为主；第二类讨论经常账户失衡逆转及调整的经济影响，以实证分析为主。

（一）全球经常账户均衡的决定理论及驱动因素

1. 经常账户均衡的决定理论

传统的经常账户决定理论主要采用局部、静态的均衡分析法探索经常账户的失衡问题。最早的研究可以追溯到大卫·休谟提出的物价-铸币调节机制，其以古典货币数量论为基础，认为一国不可能长时间实现持续的贸易盈余。20 世纪 50 年代前后，经常账户的弹性论、乘数论和吸收法相继诞生，分别从贸易条件的外部视角、国民收入决定恒等式的局部均衡视角、总支出的视角出发，从宏观层面分析一国国际收支的决定。Thirwall（1979）将贸易不平衡与经济结构失衡挂钩，认为经常账户失衡由经济总供给不足导致，因而创立了结构分析法。尽管这些分析方法如今看来视角单一，但在全球贸易规模较小、国际金融活动并不频繁的当年，仍具有重要的理论和实践意义。

20 世纪 80 年代后，跨时分析法被应用于经常账户均衡的分析中，引发了经常账户研究标志性的飞跃。Sachs（1983）建立的两期模型证明了经常账户的即时平衡并非最优选择，长期来看经常账户的动态平衡可以实现资源配置最优化目标。Obstfeld 和 Rogoff（1995）创立了汇率动态调整的 Redux 模型，将经常账户看作跨期借贷的工具，并将实际产出、相对价格、贸易条件、货币冲击纳入同一个维度，考察了在完全市场和不完全市场条件下，这些宏观变量如何对经常账户构成冲击，开创了 NOEM（新开放宏观动态一般均衡）的先河。此后的学者多继续采用动态优化的方法研究经常账户的跨期效应，并且将代际交替效应（OLG）应用到经常账户的分析框架中，发现人口结构是影响经常账户均衡的重要变量（例如，Domeij 和 Floden，2006）。

2. 经常账户的驱动因素

进入 21 世纪以来，伴随着经常账户的动态变化，全球失衡的规模愈演愈烈，并引发了学者对经常账户失衡根源的探讨。同时，随着经常账户均衡决定理论的不断完善，关于经常账户驱动因素的研究愈加丰富，本章梳理了一些文献中的主要驱动因素（见表 1-1）。

表 1-1　经常账户的主要驱动因素

驱动因素	作用机理	文献出处
财政余额	财政赤字与经常账户赤字正相关,一国可以通过控制财政赤字控制经常账户	Obstfeld 和 Rogoff（1995）、Leachman 和 Francis（2002）
储蓄与投资	经常账户余额与储蓄和投资缺口高度相关	Mann（1999）、余永定和覃东海（2006）、殷剑峰（2013）
生产率	生产率高的经济体容易出现经常账户盈余	Gourinchas 和 Jeanne（2013）
实际汇率	理论上,实际汇率通过影响两国产品相对价格作用于汇率。实证研究中,实际汇率对经常账户的影响并不显著,存在汇率黏性	Wilson（2001）、陈创练（2013）、杨盼盼和徐建炜（2014）
金融发展	不确定条件下,金融发展程度驱动经常账户走向	Caballero 等（2008）、张坤（2015）
人口结构	人口增长过快、老龄化比例上升的国家容易出现经常账户逆差	朱超和张林杰（2012）、张晶（2015）、朱超等（2018）
经济增长和收入效应	经济增长的产出效应对贸易失衡影响显著	Krugman（1989）、Edwards（2007）

（二）经常账户失衡调整的相关研究

根据以往文献，全球经常账户再平衡主要指通过调节各国的经济结构，制定宏观经济政策、加强监管措施等方式改善经常账户余额，进而实现经济平衡增长。学界关于全球经常账户再平衡的研究大多集中于全球范围内探求影响因素及调整措施，本章对代表性文献进行了梳理（见表1-2）。

表1-2　全球经常账户再平衡的文献总结

文献	视角	影响因素或调整措施
余永定和覃东海（2006）	中美收支失衡	尽快调整外资、外贸和产业政策，加速市场化进程
张明（2007）	一般均衡（宏观视角）	各国通过政策协调积极调整、通过金融市场情绪变动触发消极调整
陈继勇和周琪（2013）	全球化	再平衡实质是转变经济增长方式，推动经济增长动力重新耦合；失衡方需要注重经济增长利益的重新分配和调整成本的合理承担
刘伟丽（2011）	全球化	促进技术革新、技术合作，建立国际竞争新格局，加强区域间合作
Dadush（2013）、李扬（2014）	发达经济体与新兴经济体	调整国内经济结构、深化国内经济改革、最大限度扩张国内需求
张幼文和薛安伟（2013）	国际分工	改变生产要素的不对称流动，调整要素流动的结构
Habermeier 等（2009）	资本流动	各国间的宏观政策协调与宏观审慎监管
Toloui（2013）	一般均衡（微观视角）	建立全球统一信用风险分析框架，建立统一主权信用评级体系，引入新的投资组合方法
张坤（2015、2016）	金融发展	金融发展水平的提升能够推动全球经常账户失衡的调整与经济增长的复苏

资料来源：作者根据文献自行整理。

从长期来看，全球经常账户失衡的调整有利于各国的经济发展。然而在短期内，由于各国国情的差异，国际收支失衡的程度不同、调整速度不一致，全球经常账户再平衡将会对不同国家产生不同影响。根据李晓和丁一兵（2007）的研究，由于美元霸权的存在，在全球经常账户失衡的调整过程中，调整的成本将主要由东亚经济体承担。刘伟丽（2011）认为，在全球经常账户再平衡的过程中，可能会出现新贸易保护主义抬头、全球流动性过剩加剧、国际货币体系重新调整等问题。Mayer（2012）、雷达和赵勇（2013）以中国和美国为分析对象，指出全球经常经济再平衡必然会降低美国的家庭部门消费、进口及总需求，意味着中美两国经济增长动力流失，盈余国的出口及就业会受到影响，全球外贸环境也会恶化。

此外，目前关于危机后经常账户失衡调整的定量文献远少于理论文献，特别是国内研究中定量论文更为少见。国外关于全球经济失衡调整的实证研究视角广泛，研究对象不仅包括几个失衡大国，还注重其他国家和地区的异质性比较，研究方法也比较多样化。Sebastian 等（2007）以全球 20 个发达国家和 21 个新兴经济体为样本，从国别层面将它们分为大国、工业国、非工业国三类，建立了含内生变量的 Probit 模型，实证结果表明失衡具有不对称性；经常账户失衡与经济周期、实际有效汇率、财政平衡及一国投资净头寸显著相关。Lane 和 Milesi-Ferretti（2014）以全球 64 个发达国家和新兴市场国家为样本，从流量和存量两方面度量了经常账户失衡的调整，认为近年来经常账户流量层面的调整并不意味着再平衡；从存量上看，全球经济失衡在未来仍会加剧。DjigDenou-Kre 等（2016）分危机前和危机后，对 G5 国家和 20 个新兴经济体失衡及危机后经常账户调整做出分析，发现美国货币总量和新兴经济体外汇储备影响全球经济失衡及调整。Bettendorf（2017）结合 GVAR 和 IRBC 模型考察了经常账户的驱动因素，发现石油价格影响各国经常账户赤字或盈余，全球经常账户失衡具有非对称性。

国内实证文献主要从金融发展与全球价值链的视角考察经常账户失衡的调整。张坤（2016）采用双边随机前沿模型，对全球 59 个样本国家调整的成本进行分析，发现经常账户失衡的调整具有不对称性，金融发展起到关键作用。谭人友等（2015）通过对 40 个国家和地区 35 个细分行业的投入产出表进行研究，测算了经济失衡度及全球价值链失衡指标，并注重国别间的个体效应分析，实证结果表明全球价值链分工对世界经济失衡有显著的正向效应，并且发达国家大于发展中国家，对高技术制造业的影响大于低技术制造业，世界经济失衡具有持续性，再平衡过程中应避免路径依赖。

从以上实证文献中，笔者发现了经常账户失衡调整解释变量的共性变量，例如净国外资产（NFA）、贸易条件、相对 GDP 规模、人口结构、产出增长率、自然资源消耗、金融发展等，这些变量在各类型回归中显著性较高。

四 经常账户的演进前景及调整可持续性展望

危机后全球经常账户的显著调整引发了学界关于未来国际收支演进前景的展望，目前争论的焦点主要在于全球经济再平衡是否真正存在，本轮失衡的调整是否具有可持续性。换言之，如果不承认危机后经常账户再平衡的存在，那么经常账户失衡的调整就无从谈起；如果认为本轮经常账户的调整是由结构性因素驱动的，那么再平衡将相对可持续；反之，经常账户失衡的缓解很可能只是昙花一现。

一方面，多数学者从全球视角分析失衡的调整是否可持续。张明（2007）从经常账户赤字导致一国净对外债务上升的角度出发，认为危机前的国际收支失衡不可持续，长期来看经常账户失衡将发生调整。Ahearne 等（2004）认为，全球国际收支失衡的调整主要存在两条路径：其一是主要责任国通过政策协调实施主动调整；其二是任由全球失衡继续发展，让金融市场情绪变动触发被动调整。显然，前一条路径是渐进式、可持续的改善，后一条路径是爆发式和破坏式的调整。刘瑶和张明（2018b）采用 EBA 经常账户法，对全球 49 个国家经常账户失衡的调整做出实证分析，结果表明，结构性因素使危机后各国均未做出有利于经常账户再平衡的积极结构性调整。随着全球经济的周期性反弹，全球经常账户失衡可能再度加剧。

另一方面，越来越多的研究开始探讨存流量变动不一致背后的成因，发掘经常账户调整的其他渠道。本轮全球金融危机后，全球失衡的开创性研究集中于经常账户背后的金融调整渠道与存量调整引发的估值效应。根据经典的宏观经济学理论，一国经常账户的流量应当与净国外资产的期末期初差额相等。例如，Obstfeld 和 Rogoff（1995）提出经常账户跨期优化法，认为一国贸易往来的跨时交易体现在经常账户中，并将经常账户表示为 $CA_t = NFA_{t+1} - NFA_t = Y_t - C_t - I_t - G_t$，开创了新开放宏观经济学的先河，成为分析外部失衡最重要的理论母机。Gourinchas 和 Rey（2007）、Gourinchas 和 Rey（2014）指出这一分析框架的缺陷，一是没有考虑到汇率波动与资产价格变动引起的资本损益，二是没有将对外资产与负债的收益率进行区分，而统一使用无风险收益率；他们进一步将经常账户区分为贸易加支付转移和投资收益账户，指出投资收益账户属于金融调整渠道。Lane 和 Shambaugh（2010）在估值效应基础上，区分了资产价格效应与汇率估值效应，并测算了 117 个国家的汇率估值效应程度，极大拓展了外部失衡的研究前景。Mileva（2015）与 Ghironi 等（2015）在此基础上进一步测算了几个主要经济体的估值效应，并提出了改善国际收支的建议。

此外，一些研究对主要失衡国经常账户演进前景做出适当展望。张明（2010）认为次贷危机后即使美国储蓄率重新上升，经常账户赤字也很难重返危机前水平，失衡程度将有所改善。又如，张明（2012）回顾了中国国际收支双顺差的历史与现状，对中国经常账户和资本金融账户的演进前景做出展望，认为随着中国货物贸易的相对下降、中国企业海外直接投资规模的快速上升、资本账户中证券投资和其他投资项的增强，未来中国国际收支双顺差将显著缓解。刘瑶等（2019）认为中国经常账户未来可能出现顺逆交替的演进前景，国际收支双顺差即将成为历史。

根据多数研究显示的结论，全球失衡的负面效应十分显著，对世界经济增长造成了严重的负面冲击。Rajan 和 Zingales（2006）认为新兴经济体累积的持续经常账户盈余和不断增长的外汇储备是以牺牲国民消费和投资为代价的，将导致资源配置的扭曲。Eichengreen 和 O'Rourke（2009）将全球经常账户失衡当作导致 2008 年国际金融危机的重要导火索。此外，失衡的恶果至少还包括全球范围内利率降低、房地产泡沫加剧、金融市场流动性泛滥，甚至是战争（Corden，2012）。

为实现全球经常账户再平衡，各国需要做出主动性结构性调整。刘瑶和张明（2018a）认为未来全球经常账户再平衡的可持续性将更多地取决于结构性因素的变动，全球主要经济体既应该强化国内的政策调整，也应该加强彼此之间的沟通与协作。具体而言，各国需要保证全球经常账户再平衡的可持续性，通过国内经济政策调整避免储蓄-投资缺口重新扩大，继续推动实际有效汇率沿着正确方向调整，以及基于自身比较优势挖掘在全球价值链方面的提升潜力。

从主要国家积极调整来看，应该从经济基本面和汇率两个方向做出相应的政策协调，一方面缩小国内储蓄－投资缺口；另一方面在进出口贸易弹性较为显著的情况下，通过本币贬值有效改善国际收支状况（张明，2007）。

五　文献述评

全球失衡及调整涉及一系列重大理论和实践问题，从全球层面和国别视角梳理经常账户演变的特征事实，发掘危机前后失衡及调整的根源，探索经常账户决定理论和驱动因素，有助于对国际收支演进做出更好的判断，并分析实现经常账户再平衡的可持续路径。本节通过梳理相关文献，得出以下结论。

第一，关于全球调整的动态变化，学者们普遍认同危机前以经常账户规模为代表的全球经济失衡的普遍存在及造成的恶果，但对于危机后全球经常账户是否实现再平衡这个问题，存在存量、流量之争。同时，各国经常账户调整速度存在异质性也令经常账户再平衡的过程充满了不确定性。

第二，关于全球失衡及调整的根源，学者们从储蓄－投资缺口、实际有效汇率的变动、国际分工及全球价值链的提升以及人口结构变迁等视角，对失衡及调整的原因、特征做出合理解释，为判断未来经常账户的走向提供了有力的事实依据。

第三，结合以局部分析法和跨期替代法为主导框架的经常账户决定理论，现有研究探索了经常账户走向的驱动因素。研究表明，财政余额、储蓄与投资、生产率、净国外资产、人口结构、经济增长与金融发展是经常账户走向的主要驱动因素。危机前后全球经常账户走向的影响因素存在异质性，各变量的影响大小有所不同。

第四，学者普遍认为全球经常账户失衡并不可持续，虽然对于经常账户调整的最终结果存在较大争议，但是研究普遍认为危机前失衡的状态不会重演。各国为实现经常账户再平衡，应该从改善经济基本面和积极进行政策协调两方面加强沟通与协作，为全球国际收支改善做出应有努力。

第五，目前，经常账户的理论研究远大于定量研究，国内实证研究远少于国外的实证研究。可能的原因是：其一，缺少具有共性的全球经常账户决定理论模型；其二，很难确定各国经常账户失衡占全球的相对比例，所以面板回归中难以确定相对系数；其三，实证研究缺少必要的微观基础。

因此，未来跨期替代理论的动态优化模型与实证研究相结合将是全球失衡研究的方向所在。同时，对于主要失衡国的国别层面研究也将在以后的分析中扮演重要的角色，特别是这些国家危机后如何实现经常账户的调整，流量与存量双重视角、估值效应理论将被更多地用于国际收支分析中。此外，微观理论指导和政策相结合以探索全球经常账户再平衡将是潜在的研究方向。

六　本书的创新点

第一，本书的研究对象具有重要的理论与现实意义。现有文献多分析危机前全球失衡的规律及成因，但鲜有文献关注 2008 年全球金融危机后主要经济体失衡缓解这一特征事实，更鲜有文献发掘危机后经常账户再平衡背后的共性、成因并分析其可持续性。

第二，本书的研究视角具有独特之处。无论是分析全球失衡的调整还是经常账户变动的经济影响，本书除了选择全球视角分析其共性规律外，还针对国别、地区、经济发展水平等差异分析经常账户调整的异质性。

第三，本书的研究方法具有创新之处。本书坚持确立研究目标后建立合适的经济学理论框架，在其基础上开展定量的实证分析。这弥补了现有文献定量研究不足、理论文章未能充分反映实践的局限。本书选择构建跨国静态或动态面板回归、EBA 经常账户法等方法，更加细致地对具体问题进行探索。

第四，本书的聚焦主题具有显著的政策含义。在进行实证分析前，笔者均根据经济学逻辑或理论模型框架做出假设，也基本得出符合经济学假设的结论。这些结论对政策研究者具有重要意义，例如，失衡调整如果不具有可持续性，则要警惕经济复苏过后全球失衡再次卷土重来。

上篇 | **全球失衡调整的可持续性：一般规律**

第二章　全球失衡调整的特征事实、
　　　　驱动因素与有效路径[*]

第一节　全球失衡调整的特征事实

2008 年金融危机后，全球失衡的调整在流量与存量上表现出显著的异质性。本章将首先概括全球失衡从流量和存量上表现出的特征事实。其次，将全球 48 个国家作为研究对象（样本国家涵盖了各大洲包括发达国家与发展中国家在内的主要经济体）[①]，分别梳理债务国与债权国、逆差国与顺差国、发达国家与发展中国家全球失衡的演进规律。再次，按地区分类，归纳全球主要区域

---

[*]　本节部分内容曾发表于《世界经济研究》2018 年第 7 期，部分内容英文版发表于 *China & World Economy* 2019 年第 6 期，合作者为张明。

[①]　48 个国家包括阿根廷、澳大利亚、奥地利、比利时、巴西、加拿大、智利、中国、哥伦比亚、哥斯达黎加、捷克、丹麦、埃及、芬兰、法国、德国、希腊、危地马拉、匈牙利、印度、印度尼西亚、爱尔兰、以色列、意大利、日本、韩国、马来西亚、墨西哥、摩洛哥、荷兰、新西兰、挪威、巴基斯坦、秘鲁、菲律宾、波兰、葡萄牙、俄罗斯、南非、西班牙、斯里兰卡、瑞典、瑞士、泰国、突尼斯、土耳其、英国与美国。这些国家与 IMF 外部平衡法（EBA）分析选择的样本基本一致，它们是全球各地区代表性经济体，同时也可保证数据的可获得性。

经常账户失衡调整的特征及驱动因素。最后，分析全球失衡调整
的有效路径。

一　全球失衡调整的特征事实：存量与流量非对称调整

（一）危机后流量失衡逐渐缓解，存量失衡继续加剧

图 2-1 刻画了危机前后流量失衡的走向。总体而言，危机爆
发期间（2008~2009 年）全球经常账户流量失衡一度迅速缩减，
之后调整缓慢，但失衡状况较危机前明显改善。其中，就主要国
家/地区而言，不难发现中国经常账户盈余缩减最为显著，美国经
常账户赤字小幅缓慢调整，欧洲债权人经常账户盈余并未呈现显著
下降，欧洲债务人赤字明显降低，石油输出国的经常账户盈余阶段
式降低。

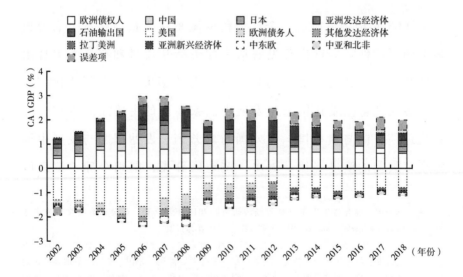

图 2-1　2002~2018 年全球经常账户失衡调整

资料来源：依据 IMF《世界经济展望报告（2019）》绘制。

从具体国家流量失衡调整可以看出，危机后经常账户失衡大幅改善的国家仅有少数几个，大部分国家失衡小幅调整或维持现状，少数国家甚至出现了经常账户恶化。鉴于各经济体体量存在显著异质性，危机后全球经常账户失衡的调整可能与中国经常账户盈余的缩减及欧洲债务人赤字的小幅降低高度相关。

图2-2反映了2008年金融危机前后全球存量失衡的演进动态。不难发现，存量失衡在危机后非但没有缓解，反而显著扩大，主要经济体存量调整存在显著的异质性。其中，美国净债务在危机后显著上升，导致全球存量占比扩大；石油输出国、亚洲发达经济体与欧洲债权人的净国外资产（NFA）占比缓慢增加；而中国的净国外资产头寸与欧洲债务人的净债务存量均有不同程度的下降。

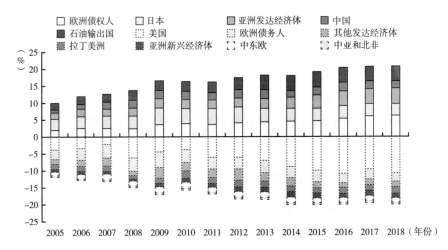

图2-2　2005~2018年全球主要地区存量调整变动

注：存量失衡用净国外资产相对比例（NFA/GDP）表示。
资料来源：依据IMF《世界经济展望报告（2019）》绘制。

不难看出，危机后全球失衡呈现流量与存量调整的非对称性，这可能意味着在该轮全球金融危机后，主要源于汇率与资产价格波动的估值效应①在国际收支调整中的贡献度持续上升。

（二）主要经济体失衡调整分化

如图 2-3 和图 2-4 所示，总体上净国外资产的增加与经常账户盈余上升呈现正相关关系，即经常账户盈余的扩大通常伴随着净国外资产规模的增加。但是由拟合线的斜率不难发现，危机后斜率变小，说明经常账户调整与净国外资产的相关系数在危机后显著降低。

2008 年金融危机前，对于大多数国家而言，盈余国拥有正的净国外资产头寸，赤字国拥有负的净国外负债，但是少数国家经常账户流量调整与存量变动发生显著偏离，即虽然存在经常账户长期盈余，但其净国外资产持续下降。例如，法国、韩国、荷兰与俄罗斯，特别是俄罗斯经常账户盈余占比超过 8%，却面临净国外资产递减的趋势，这种异常的国际收支变动显然不利于该国外部财富的积累。

危机后，大多数国家经常账户流量失衡发生明显调整，即盈余和赤字均有所减小。危机前发生异常国际收支调整的四国，均呈现出一定程度的国际收支改善，即盈余的扩增与否与净国外资产的变动方向一致，特别是俄罗斯、荷兰的经常账户失衡发生显著调整；西班牙的存量失衡也呈现明显缓解。值得注意的是，危机后，美国与英国出现外部失衡的恶化，美国虽然经常账户逆差有所缩小，净国外负债却更快速地累积。英国的经常账户逆差与净国外资产头寸均快速持续累积，这意味着失衡程度不仅没有缓解，反而进一步恶化；同时，该国也出现了背离国际收支调整规律的经常账户赤字与净国外资产扩增并存的问题。

---

① 估值效应主要指一国在对外资产和负债规模与结构不变的情况下，由汇率变动与资产价格波动导致的对外净资产的变化，其数值反映了一国对外净资产变动与经常账户余额的差额。

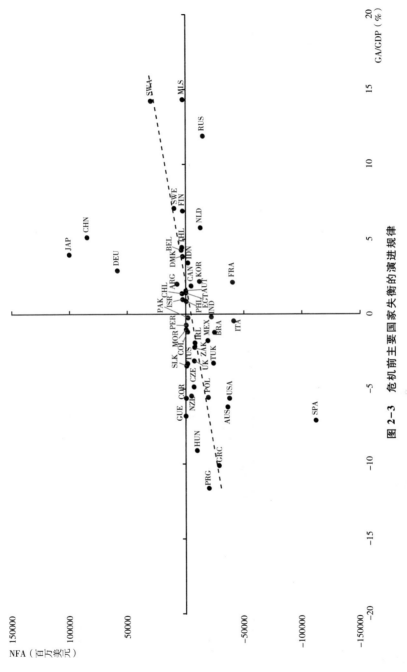

图 2-3 危机前主要国家失衡的演进规律

注：样本国家用与 IMF 一致的国别字母缩写表示，具体见附表，以下同。

资料来源：CEIC、WDI、IFS、Lane & Milesi-Ferretti (2015) dataset。

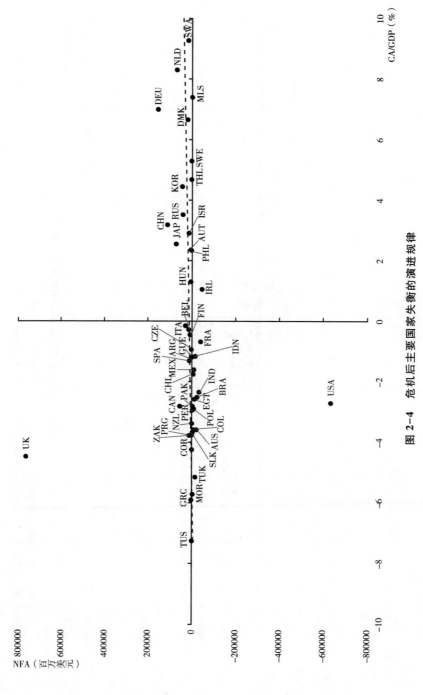

图 2-4 危机后主要国家失衡的演进规律

资料来源：CEIC、WDI、IFS、Lane & Milesi-Ferretti (2015) dataset。

　　本节采用四象限图分析法，将样本国家进一步划分。如图 2-5 所示，第一至第四象限分别代表顺差债权国、逆差债权国、逆差债务国与顺差债务国所处位置，不难发现 2008 年金融危机前，并无样本国家处于逆差债权国的位置。从样本国家分布来看，逆差债务国数目最多，其次是顺差债务国，而顺差债权国仅有 7 个。从拟合线斜率可以看出，经常账户盈余的扩增与净国外资产占比的增加呈正相关关系。但是对于芬兰、印度尼西亚、菲律宾和泰国四个经济体而言，经常账户顺差并未有效化解这些国家对外的高负债存量。

　　图 2-6 为危机后各国失衡流量与存量状况，对比危机前不难发现：第一，赤字国经常账户失衡的调整更为显著，顺差国除个别国家外无显著流量调整，这可能是由于赤字国多集中于发达国家，危机后外需的下滑导致进口增速显著下降，顺差国往往乐意维持一定程度的贸易盈余而自身缺乏调整的动力；第二，债务国与债权国的存量失衡均未发生明显改善，反而进一步恶化；第三，危机前高债务四国芬兰、印度尼西亚、菲律宾与泰国的存量失衡得到明显缓解，但是以"欧债五国"[①] 为代表的经济体存量失衡加剧，积累了高额的净国外债务；第四，阿根廷、芬兰与比利时在危机后转型成为逆差债权国，这有利于自身外部财富的积累；第五，以匈牙利和爱尔兰为代表的个别国家转型成为顺差高债务国，这意味着经常账户盈余未转化为外部财富的积累，同时对外债务存量也并未显著降低。

　　一般而言，跨象限调整反映了国际收支的结构性改变。由图 2-5 与图 2-6 可知，一些国家危机后流量与存量失衡发生了跨象限的转变，有趣的是，这些国家多为遭遇欧债危机重创的债务国，或为在亚

---

　　① "欧债五国"包括葡萄牙、爱尔兰、意大利、希腊与西班牙。

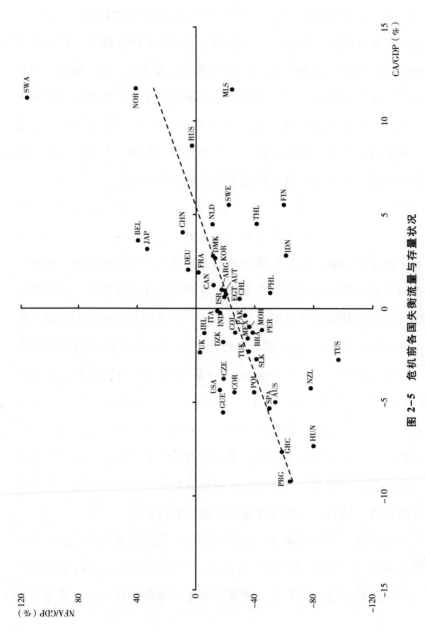

图 2-5　危机前各国失衡流量与存量状况

资料来源：CEIC、WDI、IFS、Lane & Milesi-Ferretti（2015）dataset。

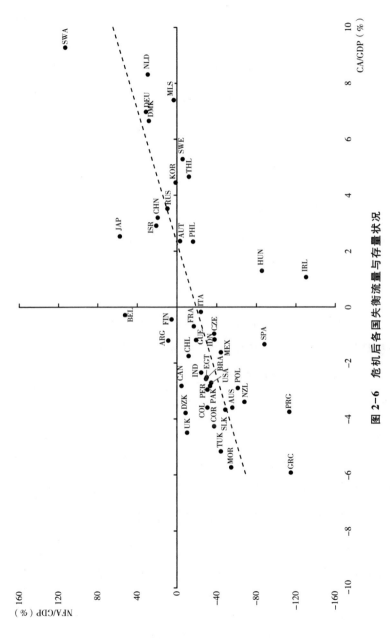

图 2-6　危机后各国失衡流量与存量状况

资料来源：CEIC、WDI、IFS、Lane & Milesi-Ferretti (2015) dataset。

洲金融危机、拉美债务危机中深受影响的发展中经济体。此类国家通常由顺差债权国或逆差债务国转型成为顺差债务国，这种国际收支的扭曲调整不利于自身国民财富的积累。另外值得关注的是，阿根廷、芬兰与比利时发生了有利于自身福利增加的国际收支演进，转型成为逆差债权国，且经常账户相对规模小于 2%，实现了经常账户再平衡。

二　地区间经常账户调整的特征事实

（一）主要区域经济体经常账户在调整中分化

危机后，全球主要经济体的经常账户失衡呈现先调整后分化的态势，且各经济体之间存在显著的异质性。

在全球金融危机爆发期间（2008~2010 年），各主要地区的经常账户失衡较危机前都呈现不同程度的改善。从失衡的绝对规模来看[1]，调整最快的前三个地区依次为 G7 国家[2]、发展中亚洲、中东和北非地区；从失衡的相对规模来看[3]，若把经常账户与 GDP 之比的绝对值超过 4% 作为一国或地区经常账户失衡的评价标准，不难发现，在此期间，全球大部分地区的经常账户失衡均发生显著改善，甚至已实现经常账户平衡（见图 2-7、图 2-8）。

随着金融危机结束与全球经济复苏（2010 年以后），全球各地区的经常账户走势呈现分化态势。部分地区的经常账户失衡进一步改善，而另一些地区的经常账户失衡却重新加剧。例如，源于石油供给冲击，2010 年以后中东和北非地区的经常账户顺差持续上升，到

---

① 失衡的绝对规模由经常项目余额的绝对数衡量。
② G7 国家包括美国、日本、德国、英国、法国、意大利和加拿大。
③ 失衡的相对规模由经常项目余额与 GDP 之比度量。

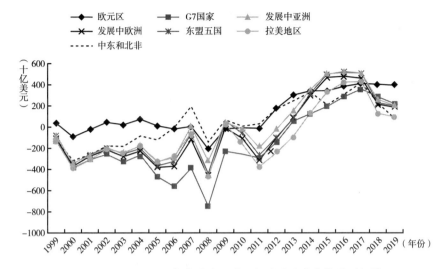

图 2-7　1999~2019 年全球主要地区经常账户失衡的绝对规模

资料来源：IMF，世界经济展望数据库。

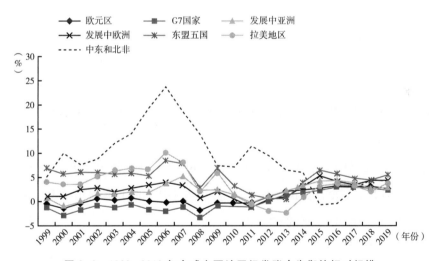

图 2-8　1999~2019 年全球主要地区经常账户失衡的相对规模

资料来源：IMF，世界经济展望数据库。

2012 年甚至逼近全球金融危机前的峰值；又如，自 2013 年以来，欧
元区呈现不断扩大的经常账户盈余，中东和北非地区出现了不断恶化

的经常账户赤字；与此同时，G7 国家和发展中欧洲的经常账户失衡却进一步缩小。另外，自 2016 年以来，全球经常账户再平衡呈现债务国失衡扩大、债权国加速再平衡的新趋势。[①]

此外，自 2008 年以来，按照国际上通用的失衡标准，欧元区整体保持经常账户大致平衡，但其内部成员国存在严重的经常账户失衡问题。例如，全球金融危机后德国经常账户盈余持续上升，2016 年其经常账户顺差高达 2890 亿欧元，占 GDP 的 8.3%；[②] 又如，在欧债危机爆发之后，欧债五国经常账户失衡的调整速度存在显著差异。[③]

（二）美国和中国在全球经常账户再平衡中扮演着重要角色

作为全球前两大经济体，美国、中国曾一度是显著的经常账户失衡国。中国是全球最大的顺差来源国，美国是最大的逆差来源国。中美两国在危机后的全球经常账户失衡调整中均扮演着重要角色。

中国的经常账户余额 2000 年后呈扩增趋势，2008 年末经常账户余额达到 4206 亿美元的峰值；危机后中国的经常账户余额呈现持续下降趋势，2016 年的经常账户余额仅为 1964 亿美元。中国经常账户余额占 GDP 之比则由 2007 年的 9.9% 降至 2016 年的 1.8%。

美国经常账户在 21 世纪前十年呈现持续的赤字。全球金融危机爆发后，美国的经常账户赤字已从 2008 年的 6908 亿美元缩减到 2016 年的 4812 亿美元，美国经常账户余额占 GDP 的比重则由 2008 年的 -4.7% 变化至 2016 年的 -2.6%。

---

① 见 IMF《世界经济展望》（2017 年 4 月），http：//www.imf.org/en/Publications/WEO/Issues/2017/04/04/world-economic-outlook-april-2017。

② 数据来源于 IMF 世界经济展望数据库，以下同。

③ 2011 年欧债五国的失衡程度分别为希腊（-9.93%）、西班牙（-3.17%）、爱尔兰（1.18%）、葡萄牙（-6.04%）、意大利（-3.01%）。2016 年欧债五国的失衡程度分别为希腊（-0.58%）、西班牙（1.95%）、爱尔兰（4.88%）、葡萄牙（0.83%）、意大利（2.58%）。

第二节　全球经常账户失衡调整的驱动因素

由上节可知，危机后全球经常账户流量显著缩小。本节旨在梳理全球金融危机后全球经常账户再平衡的特征事实，同时从内部视角（储蓄－投资缺口）和外部视角（实际有效汇率、全球价值链变动）出发，探求危机后影响各经济体经常账户调整的驱动因素。

全球经常账户失衡主要由以下原因导致：一是经济体内部存在显著的储蓄－投资缺口；二是经济体的实际有效汇率显著偏离了均衡汇率，造成本币币值的高估或低估；三是经济全球化下国际分工的差异以及各经济体在全球价值链中所处地位不同。相应地，在探讨全球金融危机后经常账户再平衡的驱动因素时，本节依然按照以上视角进行分析，并对美国、中国、日本、欧元区这四个重要经济体重点展开讨论，[①] 以对各经济体经常账户再平衡的驱动因素进行比较研究。

一　储蓄－投资缺口的调整

造成全球各经济体经常账户失衡的原因之一是储蓄－投资缺口的拉大，因此，要实现全球经常账户再平衡，就需要各经济体缩小储蓄－投资缺口，也即顺差国将部分储蓄转化为消费或投资，而逆差国则应削减消费并提高储蓄率。

全球金融危机爆发后，美国的储蓄－投资缺口迅速缩小（见图 2-9）。笔者的测算表明，2008~2015 年，储蓄率的变动解释了美国储

[①] 选择美国、中国、日本、欧元区四个经济体作为研究对象是因为其是全球四大经济体，解释了以流量衡量经常账户调整中的绝大部分，并且地理区域涵盖了北美、亚洲、欧洲三个全球重要区域，也包括了发达国家和新兴市场国家。

蓄-投资缺口变化的 54%，而投资率的变动解释了缺口变化的 46%。[①]
2009 年之后，美国储蓄率温和上升，在 2014 年更是达到了自 2000 年
以来的峰值。[②] 总储蓄由家庭部门、企业部门和政府部门的储蓄所构
成。美国企业部门储蓄相对稳定，政府部门常年保持负储蓄，因此危
机后美国储蓄-投资缺口缩小的主要原因是居民部门储蓄率的持续上
升。[③] 美国家庭部门的储蓄变动可以由四个主要因素解释：一是社会
保障程度，二是居民部门的财富效应，三是全要素生产率（TFP）的
增长速度（也即持久性收入的变化），四是居民信贷的便利程度。[④]
全球金融危机后，美国居民部门储蓄率的显著上升，主要是由以下两
方面因素导致的：第一，危机后，美国政府实施的多轮量化宽松政策
（QE）推升了金融资产价格，通过财富效应显著提振了居民部门的财
富水平，进而推高了居民部门储蓄率；第二，危机后，美国的全要素
生产率持续下降，显著影响了居民部门的持久性收入预期以及消费信
心，增强了居民部门的预防性储蓄动机。[⑤]

　　全球金融危机爆发前，中国存在显著的储蓄-投资缺口（见图 2-
10），这主要应归因于政府部门和企业部门的高储蓄率，其主要是由
国民收入分配过度偏向于政府和企业部门、政府转移支付结构的失衡
以及国企上缴利润比重过低等因素所致。在全球金融危机爆发期间，
中国的储蓄-投资缺口迅速缩小，这一方面表现为储蓄率的平稳下

---

① 作者自行计算了 2008~2015 年缺口变动中储蓄和投资贡献率，得出结果取平均值，四
　个经济体计算方法相同。
② 2014 年美国总储蓄率为 19.27%，是进入 21 世纪以来的峰值。
③ 危机后，美国居民部门储蓄率迅速上升，根据美国经济分析局的数据，2009 年美国居
　民储蓄率同比增长 3.6%。
④ 邵科（2011）给出了影响美国家庭储蓄率变动的影响因素。
⑤ 陈（Chen）等（2006）、伊斯坎（Iscan）（2011）、杨天宇和刘莉（2013）的研究表明
　全要素生产率显著影响一国的储蓄率。

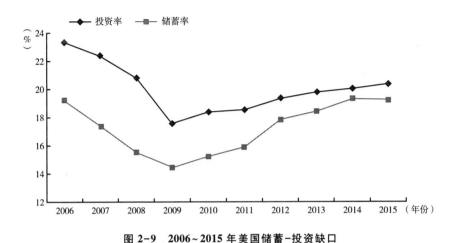

图 2-9　2006~2015 年美国储蓄-投资缺口

注：投资率为资本形成总额与 GDP 之比，储蓄率为年度总储蓄与 GDP 之比。
资料来源：世界银行 WDI 数据库。

降，另一方面表现为投资率的明显回升。笔者测算发现，2008~2015
年，储蓄率的变动解释了中国储蓄-投资缺口变化的 47%，而投资率
的变动解释了缺口变化的 53%。投资率的回升一方面是由 2009 年中
国政府推出的四万亿元财政计划掀起的基础设施投资浪潮所致；另一
方面则是由于信贷扩张导致房地产市场进入一波新的牛市，进而推动
了房地产投资增速回升。值得注意的是，自 2014 年以来，中国的投
资率和储蓄率均呈现下降趋势。储蓄率的缓慢下降一方面是由于人口
老龄化降低了居民储蓄，另一方面则是由于企业利润增长减缓、金融
深化改革改善了企业外部融资渠道等导致企业储蓄率下降。投资率的
下滑则是由于产能过剩凸显、民间资本投资回报率下滑以及外商直接
投资流量下降。相比之下，投资率的变动较储蓄率更为显著。

　　全球金融危机爆发后，日本的储蓄-投资缺口经历了显著调整，
尤其是在 2011~2014 年一度迅速缩小（见图 2-11）。笔者的测算表
明，2008~2015 年，储蓄率的变动解释了日本储蓄-投资缺口变化的

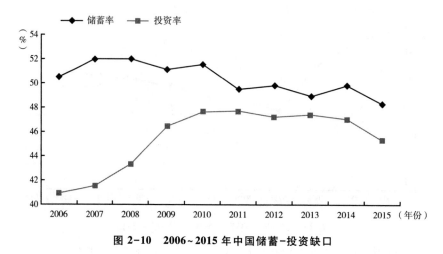

图 2-10　2006~2015 年中国储蓄-投资缺口

资料来源：世界银行 WDI 数据库。

68%，而投资率的变动解释了缺口变化的 32%。日本的企业储蓄长期保持稳定，政府部门长期面临负储蓄，家庭部门储蓄率近年来显著下降。造成这一现象的主要原因包括：第一，全球金融危机爆发后，日本实际国民收入明显下滑；第二，财政赤字和政府债务居高不下，使政府面临越来越大的负储蓄压力。① 日本投资率的缓慢回升，则与危机后日本经济的复苏以及安倍晋三上台后采取的一系列经济政策有关，包括量化宽松的货币政策、积极的财政政策以及结构性改革举措。

　　全球金融危机爆发以来，欧元区在初期保持着较小的储蓄-投资缺口，但该缺口在 2011 年之后明显扩大（见图 2-12），主要原因包括：第一，欧债危机的爆发重创了欧元区国家的国内投资热情；第二，对经济前景的黯淡预期强化了居民部门的预防性储蓄动机。

---

① Martin Feldstein：《日本的储蓄危机》，原载于新加坡《联合早报》，转载于法邦网，https：//www.fabao365.com/news/428217.html，2010 年 10 月 19 日。

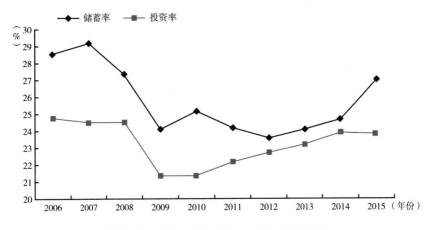

图 2-11　2006~2015 年日本储蓄-投资缺口

资料来源：世界银行 WDI 数据库。

作者的测算表明，2008~2015 年，储蓄率的变动解释了欧元区储蓄-投资缺口变化的 47%，而投资率的变动解释了缺口变化的 53%。值得一提的是，在欧元区内部，成员国的储蓄-投资缺口也存在显著差异。

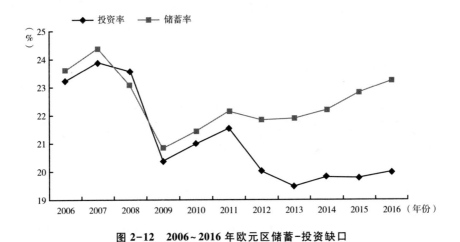

图 2-12　2006~2016 年欧元区储蓄-投资缺口

资料来源：世界银行 WDI 数据库。

二 实际有效汇率的调整

从实际有效汇率的角度来看，全球经常账户失衡是由顺差国实际有效汇率被低估、逆差国实际有效汇率被高估导致的。因此，全球经常账户再平衡也是实际有效汇率回归均衡水平的过程。

如图 2-13 及表 2-1 所示，通过分析三个时期全球主要货币实际有效汇率的变动，可以得出以下结论。

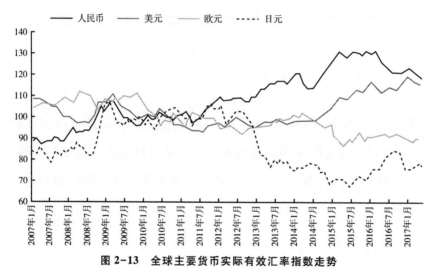

图 2-13 全球主要货币实际有效汇率指数走势

注：实际有效汇率指数的走势，基年为 2010 年。

资料来源：国际清算银行 BIS。

表 2-1 全球主要货币实际有效汇率变动

币种	2008 年 7 月~2010 年 7 月	2010 年 8 月~2014 年 1 月	2014 年 2 月~2017 年 5 月
美元	上升 3%	下降 2.44%	上升 17.46%
人民币	上升 8%	上升 19.54%	下降 1.72%
日元	上升 25%	下降 27.48%	上升 0.72%
欧元	下降 1.3%	上升 1.47%	下降 8.21%

注：实际有效汇率变动为作者自行计算；2008 年 7 月~2010 年 7 月为危机爆发期间，2010 年 8 月~2014 年 1 月为危机后经济复苏期间，2014 年 2 月~2017 年 5 月为全球经济增长分化期间。

资料来源：国际清算银行 BIS。

首先，全球金融危机爆发后（2008 年 7 月~2017 年 5 月），美元的实际有效汇率总体上贬值了 6.63%，这对于美国的经常账户赤字起到了一定的纠正作用。但无论是金融危机爆发期间还是 2014 年至 2017 年 5 月，美元的实际有效汇率都在持续上升，这意味着美元的贬值幅度依然偏小。

其次，无论是从整个时间段来看还是分段来看，人民币实际有效汇率的显著升值都有助于中国经常账户失衡的调整。

再次，全球金融危机爆发后（2008 年 7 月~2017 年 5 月），日元的实际有效汇率贬值了 9.11%。对于日本这样一个持续的经常账户顺差国而言，这一时段日元实际有效汇率的变动不利于日本经常账户再平衡。

最后，欧元区的实际有效汇率在前两段时期（2008 年 7 月~2010 年 7 月、2010 年 8 月~2014 年 1 月）较为稳定，但在 2014 年后出现显著贬值，这也正是近年来欧元区出现持续的经常账户盈余的重要原因之一。

从上述分析中不难看出，从实际有效汇率的变动来看，中国的调整要比美国与日本更大。要更加充分地实现经常账户的再平衡，美元应该有更大幅度的贬值，而日元应该有更大幅度的升值。

三 全球价值链的调整

从全球价值链的视角出发，商品和服务贸易的不平衡可以归因于各国在全球价值链中的分工地位不同。位于全球价值链分工上游的国家掌握着产品和服务的专利或核心技术，这些国家在国际分工中负责产品设计及研发，并将生产环节转移至价值链中下游国家；位于全球价值链中游的国家负责复杂度较高的产品生产环节；位于全球价值链下游的国家负责简单产品的制造及复杂产品的装配环节。在这一模式下，上游国家自然会比中下游国家更容易出现贸易逆差。根据《全球价值链发展报告（2017）——全球价值链对经济发展的影响：测度与分析》，[①] 世界上存在深度参与全球价值链的三大生产中心，即美国、亚洲大陆（中国大陆、日本和韩国）以及欧洲（特别是德国）。因此，主要经济体的经常账户再平衡也可以通过调整全球产业链的分工结构实现。

全球金融危机爆发后，全球价值链加速调整，呈现"生产活动加速分散、生产功能不断集中"的新趋势。一方面，人力资本、技术等高级要素流向以中国为代表的新兴经济体，使这些新兴经济体的企业能够承接更高层次的价值链分工，加速了其在全球价值链中的地位提升。另一方面，基于对"产业空心化"与蓝领阶层失业加剧的担忧，自2011年以来，美国、日本和德国等发达经济体先后开启了再工业化政策，例如2012年美国的"先进制造业国家战略"、2013年德国"工业4.0"战略、2015年日本"科技工业联盟"战略。作者认为，上述全球价值链的重塑有利于促进全球经常账户再平衡。

第三节　全球失衡调整的有效路径

尽管自全球金融危机爆发至今，全球经常账户失衡显著改善，但关于这种改善究竟是周期性的还是结构性的，学界仍存在较大争议。如果经常账户失衡的改善主要是周期性的，那么随着全球经济的复苏，

---

① ［美］杜大伟（David Dollar）、［巴］若泽·吉勒尔梅·莱斯（José Guilherme Reis）、王直，全球价值链发展报告（2017）——全球价值链对经济发展的影响：测度与分析［M］．社会科学文献出版社．2018．

经常账户失衡将会卷土重来，此外，各经济体仍面临存量调整的分化。因此，通过结构调整增强全球再平衡的可持续性，就是各主要经济体面临的重要任务。本节从储蓄-投资缺口调整、实际有效汇率变动、全球价值链变迁以及存流量调整框架这四个维度探讨全球失衡调整的有效路径，并以中美欧日四大重要经济体为主要分析对象。

一　储蓄-投资缺口的调整路径

从储蓄-投资缺口的调整来看，主要的顺差国与逆差国应通过国内经济政策的调整避免储蓄-投资缺口的再度恶化。

未来美国扩大基础设施投资与教育投资已经是大势所趋，为避免储蓄-投资缺口再度恶化，美国政府的当务之急是保证储蓄率不发生显著下降。这就意味着，第一，一旦当前均处于历史高位的美国股市与债市发生显著下跌，美国政府应保证资产价格的修正不会造成家庭储蓄率显著下滑；第二，美国政府应该注意避免政府负储蓄的恶化，这就意味着需要控制财政赤字，实现更加平衡的财政收支安排；第三，美国政府应该努力保持本轮经济复苏的可持续性，避免货币政策过快调整扼杀来之不易的复苏。

为了实现更加可持续的经常账户再平衡，中国政府的主要工作包括：第一，通过向民间企业更快地开放服务业，促进服务业投资，以抵消产能过剩造成的制造业投资下滑；第二，通过提供更高质量以及更广受众的教育、医疗、养老等公共产品降低居民部门的预防性储蓄，通过政府减税以及提供更多的公共产品降低政府部门储蓄，通过提高国有企业上交红利比例以及改善民营企业融资性约束降低企业部门储蓄。

为了避免未来储蓄-投资缺口的再度恶化，日本政府的主要工作包括：第一，在人口老龄化注定导致居民储蓄率下降的背景下，避免政府储蓄的持续恶化将是当务之急，这意味着日本政府必须尽快缩减财政赤字；第二，激发持续疲软的企业投资也是日本政府面临的重要挑战，而加快国内市场对外国企业的开放可通过加剧国内竞争提振企业投资。

欧元区政府的主要任务则包括：一是保障本轮经济复苏的可持续性，因为唯有持续的经济复苏才会激发企业部门的投资热情；二是改善欧元区各成员国之间的经常账户失衡，这意味着德国这样的顺差国需要削减储蓄扩大投资，而南欧国家等逆差国则需要反其道而行之。

二　实际有效汇率的调整路径

从实际有效汇率的调整来看，全球失衡调整的进程将取决于主要经济体能否沿着正确的方向持续调整实际有效汇率，以显著改善本币被高估或低估的状况。

首先，美元实际有效汇率应该继续贬值。Cline 的测算表明，全球主要货币中美元实际有效汇率与均衡汇率的偏离程度最大，其币值被高估了 8%。[①] 然而，考虑到美元在国际货币体系与全球金融市场中的特殊地位，美元汇率回归均衡水平最好是一个平稳而渐进的过程，以避免对全球市场造成显著负面的外溢冲击。

其次，应继续增强人民币汇率定价机制中的市场化程度。2010年以来，随着人民币实际有效汇率的显著上升，中国的经常账户失衡已经得到显著改善，外汇市场上的双向波动显著增强，这意味着人民币汇率已离均衡水平不远。因此，中国央行应该继续增加市场供求（即外汇市场收盘价）在人民币汇率定价机制中的作用，并在适当时候过渡至自由浮动的汇率制度。

---

① William. R. Cline, Estimates of Fundamental Equilibrium Exchange Rate ［R］. May, 2017, PIIE Policy Brief.

再次，日元实际有效汇率应该继续升值。事实上，自安倍晋三政府实施"三支箭"计划以来，加强版的量化宽松措施一度导致日元实际有效汇率显著贬值，这固然对出口导向的经济增长功不可没，但也加剧了经常账户失衡。因此，日本政府应选择在适当的时机降低量化宽松的规模，更多地让市场力量决定日元汇率的走向。

最后，尽管从整体来看，欧元区并不存在显著的经常账户失衡，欧元的实际有效汇率不需要进行显著调整，但欧元区政府的任务在于通过非汇率手段促进欧元区内部各成员之间的经常账户再平衡。这意味着欧元区国家应该进一步推动包括劳动力在内的各要素在欧元区内部的自由流动，并且加强财政层面的跨国转移支付。

三　全球价值链的调整路径

与上述两种路径相比，全球价值链的调整是一个漫长的过程。各经济体可以通过优化产业结构、转变经济增长方式、调整全球价值链分工等手段促进经常账户的再平衡。

美国位于全球价值链的上游核心地位，形成了美国以服务业为中心、外围国家以制造业为中心的分工结构，这事实上也是美国经常账户赤字凸显的根源之一。未来美国若想促进经常账户的再平衡，一方面应继续强化其在服务业出口方面的优势；另一方面也应该抓住新一轮技术革命的契机（例如 3D 打印、虚拟现实技术、人工智能等），重塑自身在某些高复杂度、高附加值制造业方面的优势。

中国位于全球价值链的中下游，逐渐形成了"两头在外、中间加工"的产业模式，这意味着中国的贸易顺差表面上看起来很大，但实际上留在国内的附加值并不多。要改善这一状况并促进经常账户的再平衡，中国政府一方面要顺应比较优势的动态变化，推动技术进步与产业升级，努力引进国外先进技术，实现自己在全球价值链上的持续攀升；另一方面也要鼓励符合条件的中国企业在海外开展直接投资，将较低附加值的产业转移到成本更低的其他新兴经济体或发展中经济体。

日本和德国位于全球价值链的中上游，一方面将技术密集型和资本密集型产业留在国内，另一方面又承接了来自美国的产品制造的复杂环节，故而长期以来都面临经常账户的持续盈余。要想实现经常账户的持续再平衡，日本与德国政府的主要工作包括：一是提高研发实力，继续提升自身在全球价值链的位置；二是进一步开放国内服务业市场，减少对进口与外商直接投资的限制，以促进国内服务业的发展；三是顺应全球技术变革、发展高端制造业。

四　存流量调整的理想路径

如果失衡国经历了流量与存量的双重缩减，那么即实现了外部失衡的改善；如果一国发生了存量与流量同方向一致的变动，那么其国际收支演进是符合客观规律的；如果一国存量调整的经济增长效应与流量调整效应占主导，那么其国际收支的演进是可持续的。然而，还需指出的是，一国实现良好的收支演进是有利于国民福利改善和内部经济结构平衡的，鉴于此，任何损害自身福利的收支演进都不能称得上失衡的有效调整。因此，从存流量双重视角出发，本节试图提出全球失衡调整的理想路径，即由两方面度量：其一，失衡国在一定时间内发生基于流量和存量失衡状况的有效改善，但不包括逆转调整过度的情况；其二，失衡国逆差减少（或顺差增加）能够有效转化为净国外资产的累积投资收益，或者盈余国顺差减少（或出现逆差）但投资收益并未显著缩减，即实现投资收益持续提升、经常账户内部结构优化、国民福利上升的整体改善。以上标准较为严格，暗示着最优程度的失衡调整。

第四节　结论

全球金融危机爆发后，全球失衡呈现流量与存量的非对称调整，主要经济体流量失衡有所缓解，存量失衡仍继续加剧，中国经常账户盈余的缩减与欧洲债务国赤字的下降在本轮经常账户流量调整中发挥着关键作用。

储蓄-投资缺口的调整、实际有效汇率的变动及全球价值链分工的变迁均是全球经常账户调整的驱动因素。美国经常账户调整的主要驱动因素是居民部门储蓄率的提升；中国经常账户的主要驱动因素是危机后的新一轮基建、房地产投资浪潮以及人民币实际有效汇率的显著升值；日本经常账户的调整主要源于居民部门和政府部门储蓄率的变动；欧元区整体虽然不存在严重的经常账户失衡，但区内各国之间的失衡依然较为严重。

要长期缓解全球失衡、实现全球经常账户再平衡，各国需要通过国内经济政策的调整避免储蓄-投资缺口的重新扩大，继续推动实际有效汇率沿着正确方向的调整，以及基于自身比较优势挖掘在全球价值链方面的提升潜力。

最后值得一提的是，要实现全球失衡的调整，除各国自身努力之外，加强各国之间的政策协调与合作也是当务之急。当前全球地缘政治冲突不断、国内民粹主义与孤立主义情绪正在抬头，如何加强各国的政策协调与沟通合作，避免大规模贸易冲突甚至政治军事冲突的爆发，也是考验各国领导人勇气、智慧与决心的一大挑战。

附表

国家	缩写	国家	缩写
阿根廷	ARG	意大利	ITA
澳大利亚	AUS	日本	JAP
奥地利	AUT	韩国	KOR
比利时	BEL	墨西哥	MEX
巴西	BRA	马来西亚	MLS
加拿大	CAN	摩洛哥	MOR
智利	CHL	荷兰	NLD
中国	CHN	挪威	NOR
哥伦比亚	COL	新西兰	NZL
哥斯达黎加	COR	巴基斯坦	PAK
捷克	CZE	秘鲁	PER
德国	DEU	菲律宾	PHL
丹麦	DMK	波兰	POL
南非	DZK	葡萄牙	PRG
埃及	EGT	俄罗斯	RUS
芬兰	FIN	斯里兰卡	SLK
法国	FRA	西班牙	SPA
希腊	GRC	瑞士	SWA
危地马拉	GUE	瑞典	SWE
匈牙利	HUN	泰国	THL
印度尼西亚	IDN	土耳其	TUK
印度	IND	突尼斯	TUS
爱尔兰	IRL	英国	UK
以色列	ISR	美国	USA

第三章　全球失衡调整的可持续性

——基于 EBA 经常账户法的视角 *

　　20 世纪 90 年代末以来日益严重的全球失衡反映了各国经济结构中的不合理性和全球经济的脆弱性,并被认为是导致 2008 年国际金融危机爆发的重要导火索。危机后,由于外部需求的削减,全球经常账户失衡出现了基于流量上的再平衡特征:一是发达经济体和新兴经济体的经常账户失衡规模都较危机前出现了显著调整,二是各国经常账户失衡在调整中分化,三是 2016 年以来全球经常账户呈现债务国失衡继续、债权国加速再平衡的新特征。

　　全球经常账户失衡调整的可持续性通常是指:在狭义上,各国经常账户的绝对余额与相对比例长期维持较小规模、较为稳定的状态;在广义上,各失衡国(顺差国与逆差国)经常账户失衡规模呈现显著缓解、经常账户与 GDP 之比呈现趋向于零的走向。同理,全球失衡调整的可持续性通常是指:在狭义上,各国经常账户(流量)与对外净资产(存量)长期维持相对稳定、较小规模的状态;① 在广义上,各失衡国(顺差国与逆差国)流量与存量规模显著缩小,呈现

---

　　*　本章内容曾发表于《国际金融研究》2018 年第 8 期,合作者为张明。

　　①　通常而言,根据国际货币基金组织的建议,将对外净资产绝对值与 GDP 之比小于 60% 作为存量均衡的标尺,也代表存量失衡调整具有可持续性。

趋向于零的走向。根据第二章的特征事实可知，2008 年世界金融危机后全球主要经济体的经常账户规模呈现不同程度的缩小，存量、流量走向呈现不同程度的背离，因此本章主要采用可持续性的广义定义进行判断，即判定金融危机后失衡国经常账户与对外净资产失衡的改善趋势是否长期存在。

具体而言，如果此轮全球经常账户失衡的改善是周期性因素驱动的，那么随着全球经济复苏回暖，经常账户的失衡可能会卷土重来；如果这种改善是结构性因素推动的，那么各国可继续沿此路径调整，实现经常账户再平衡、经济复苏且平衡增长。同理，如果此轮存量、流量调整主要由稳定性因素决定，则说明全球失衡的调整具有可持续性。如今正值全球金融危机爆发 15 周年之际，将风险防患于未然、寻找可持续的增长路径尤为重要。因此，探索全球失衡调整的驱动因素、厘清各类因素的影响程度就成为本章重点。

本章将采用 EBA 经常账户法，定量分析 2008 年世界金融危机后的全球失衡调整是否具有可持续性。依据国际货币基金组织（IMF）EBA 的思路框架，将影响全球经常账户走向的因素分为三类：周期性因素、结构性因素和政策性因素。[①] 本章的主要贡献在于：第一，基于大多数全球经济失衡的探讨都停留在理论上，本章将从实证上对此问题予以充分说明；第二，首次将 IMF 判断实际汇率变动幅度的 EBA 加以分解用于测算经常账户失衡，使估计结果更

---

① 根据 IMF（2013）的研究，EBA 经常账户法解释变量可分为结构性、金融性、周期性与政策性四类变量，作者认为金融变量与其余三类变量划分维度不同，本身就包含于其余三类变量中，因此，将选取的金融性变量归类到结构性和周期性变量中，以便更好发掘经常账户失衡及调整的原因。

加直观，回归方程的变量具有直接的经济含义；第三，将影响全球
经常账户走向的驱动因素进行分类，为判断危机后经常账户的改善
是否具有可持续性提供更有力的实证证据；第四，基于时间和国别
两个维度进行实证分析，分别说明各阶段经常账户相对规模变动的
驱动因素，并进行时间、空间维度的对比，还考虑了 1997 年亚洲金
融危机和 2008 年全球金融危机对经常账户走向可能造成的结构性突
变影响。

第一节　EBA 经常账户法简介

2012 年底，IMF 推出了汇率监测的新方法——EBA，旨在评估各
成员国经常账户失衡程度，并提出调整汇率的政策建议。EBA 的第
一步即建立考察经常账户失衡程度的面板回归方程，将影响经常账户
失衡程度的经济基本面因素归为四类：结构性因素、金融性因素、周
期性因素和政策性因素。方程中不再引入因变量的滞后 1 期项，而是
加入了变量的交乘项以考察其对经常账户失衡的非线性作用。该方法
的优点在于回归方程具有鲜明的经济学含义，并且度量了多方面因素
对于经常账户的影响。

EBA 由三种互补的方法组成，前两种是基于面板技术回归的经
常账户法（CA）和实际有效汇率法（REER），第三种是相对灵活的
外部平衡可持续法（ES）。EBA 的关键在于第一步，通过回归方程计
算成员国的经常账户基准，然后计算出实际经常账户与基准趋同时需
要的实际有效汇率升值幅度，本章中笔者探讨经常账户相对规模变动
的驱动因素主要采用 CA。

为说明 EBA 中 CA 背后的理论框架和机理，本章建立了以下方程：①

$$S(NFA, Y, r, X_s) - I(Y, r, X_I) = CA(Y, REER, Y_{wo}, X_{CA}) \tag{1}$$

$$CA(Y, REER, Y_{wo}, X_{CA}) + CF(r - r_{wo}, REER, X_{CF}) = \Delta R \tag{2}$$

其中，Y 为国内产出缺口，$REER$ 为实际有效汇率，NFA 为净国外资产，r 为本国实际利率，ΔR 为外汇储备变动，CA 为经常账户变动，CF 为资本金融账户变动，X 为所有影响储蓄、投资、进出口及资本与金融账户的因素 [X_s 为影响储蓄的变量，包括单位资本收益、人口结构、预期收入、社会保障及预算平衡等；X_I 为影响投资的变量，包括单位资本收益、预期收入、监管因素及金融政策等；X_{CA} 为影响进出口的变量，包括国际商品价格、各国进出口份额等；X_{CF} 为影响资本与金融账户的变量，包括全球风险转化（储备货币地位、金融母国、资本管制）等]。

不难看出，式（1）描述了储蓄-投资缺口与经常账户余额之间的恒等关系，式（2）是基于国际收支平衡表（BOP）的经常账户、资本金融账户之和与外汇储备变动之间的关系。上述方程还揭示了经常账户余额是内生的，由系统里其他变量共同决定，同时，假定货币政策的制定可以以消除产出缺口为目标而设定利率。据此，可以得出 CA 决定式（3）。

$$CA = CA(X_I, X_s, X_{CA}, X_{CF}, Z, Z^{WO}, \Delta R) \tag{3}$$

在式（3）中，Z 表示产出缺口或短期利率。由式（3）可知，经常账户法选取的影响经常账户的变量主要是基于对上述因素的考

① 参考了 IMF（2017）的研究，见 2017 年 EBA 技术手册，www.imf.org。

虑。此外，根据 2017 年 EBA 技术手册，经常账户法的回归方程中还加入了变量交互项诸如人口变量的交乘项，以度量这些变量对经常账户余额的非线性作用；为说明人口变量交乘项对经常账户的传导机制，作者建立了简单的世代交替模型（OLG），依据经济理论，人口结构因素会对储蓄、消费产生影响。

假定：①任意时期，有 N 个人出生，生存在下一期的概率为 p，所有人在下一期结束前死亡；②在第一期时，每个人都拥有 y 的收入用于当期消费或预防性储蓄；③所有未活至下一期的人在当期都花光所有收入，未留至下一期。

在 t 期出生的人的效用函数为：

$$U(C_t^y, C_{t+1}^0) = \log(C_t^y) + p_t\beta\log(C_{t+1}^0) \tag{4}$$

其中，C_t^y、C_{t+1}^0 表示年轻时和年老时的消费。

消费的预算约束为：

$$C_t^y + \frac{C_{t+1}^0}{1+r} = y \tag{5}$$

储蓄率的约束为：

$$s_t^y = s^y = \frac{\beta p_t}{1+\beta p_t}y \tag{6}$$

总储蓄率为：

$$s_t = \frac{S_t}{Y_t} = \frac{N_t s_t^y + N_{t-1} s_t^0}{N_t y} = \frac{N_t s_t^y - N_{t-1} s_{t-1}^y p_{t-1}}{N_t y} \frac{\beta p_t}{1+\beta p_t} - \frac{1}{1+n_t}\frac{\beta p_{t-1}^2}{1+\beta p_{t-1}} \tag{7}$$

其中，老年人负储蓄，且人口增长率为 n_t。

人口结构因素可划分为三个变量，分别是人口抚养比例（DR）、老龄化速度（AS）以及生存风险（P_t）。假定每一期总人口规模不变，即 $n=0$，老龄化速度可视为 DR 的预期增长率：

$$DR_t = \frac{N_t - 1p_t - 1}{N_t} = \frac{p_t - 1}{1 + n_t} = p_t - 1 \tag{8}$$

$$AS_t = \frac{DR_t + 1}{DR_t} = \frac{p_t}{p_t - 1} \tag{9}$$

$$p_t = DR_t \cdot AS_t \tag{10}$$

将式（10）代入式（7），可得

$$s_t = \frac{\beta AS_t \times DR_t}{1 + \beta AS_t \times DR_t} - \frac{\beta DR_t{}^2}{1 + \beta DR_t} \tag{11}$$

$$\frac{\partial s}{\partial DR} = \frac{\beta}{(1 + \beta DR \times AS)^2} - \frac{\beta DR(2 + \beta DR)}{(1 + \beta DR)^2} \tag{12}$$

OLG 模型显示，人口结构经由两种效应影响储蓄率，一种是生命周期效应，另一种是复合效应，[1] 两种效应通过非线性关系影响储蓄率，进而对经常账户平衡 CA 产生影响。因此，修订后的 EBA 模型中人口结构变量不但包括 DR、AS，还包括它们的交互项乘积 $DR \cdot AS$。

第二节　实证模型构建、变量的选择及实证思路

一　模型构建

根据理论基础，本节建立了度量经常账户相对规模变动的面板回

---

① 复合效应是指两个人口变量 DR 与 AS 的交乘项对于储蓄率的影响。

归方程：

$$\frac{CA}{Y} = B_1 Structure + B_2 Cylical + B_3 Policy + \mu \qquad (13)$$

其中，被解释变量为经常账户与 GDP 之比（CA/Y），本书将回归方程的解释变量分为以下三类。

第一类是基于基本面的结构性变量（非政策性变量），此类变量大部分在以前 IMF 的经常账户汇率评估法（CGER）中被采用，主要包括：①经济发展类变量；②预期 GDP 增长率；③净国外资产占 GDP 比重；④石油或天然气贸易平衡；⑤人口相关变量；⑥政治稳定性。

第二类是周期性变量，主要包括：①产出缺口占 GDP 比重；②大宗商品贸易条件；③国际资本市场状况相关变量。

第三类是政策性变量，主要包括：①可调整的周期性财政平衡；②公共医疗支出占 GDP 比重；③储备资产占 GDP 比重；④资本管制程度；⑤私人贷款占 GDP 比重。

如式（13）所示，$Structure$、$Cylical$、$Policy$ 分别为向量矩阵，分别对应结构性、周期性、政策性三类变量集。B_1、B_2、B_3 为估计系数矩阵，μ 为残差项。

二 变量的选择及说明

根据上节的回归方程，选取经常账户与 GDP 之比为被解释变量，度量经常账户相对规模变动的程度。解释变量方面，将解释经常账户相对规模变动的经济基本面因素分为三类，第一类为结构性变量，第二类为周期性变量，第三类为政策性变量。由于政策性变量较易变动，反映了相对短期的调整，因此以政策性变量为控制变

量，周期性变量、结构性变量为解释变量构建面板回归方程，具体
变量的说明及数据来源见表 3-1。

表 3-1 变量的说明及数据来源

类型	变量名	变量含义	数据来源
结构性变量	NFA/Y	净国外资产占 GDP 比重	WDI 数据库
	output_per	人均产出占 GDP 比重	WDI 数据库
	output_per×K_openness	人均产出占比×资本开放度	WDI 数据库
	Resource Trade Balance	石油或天然气贸易平衡	WDI 数据库
	Population Growth	人口增长率	WDI 数据库
	Dependency Ratio	人口抚养比例	WDI 数据库
	Aging_Speed	老龄化比例	WDI 数据库
	GDP Growth	GDP 增长率	WDI 数据库
	Currency Share	储备货币份额	IFS 数据库
	Safer political environment	政治稳定性	ICRG 数据库
周期性变量	vix×K_openness	VIX×资本开放度	Wind 数据库
			Fraiser Institute
	vix×K_openness×Currency Share	VIX×资本开放度×储备货币份额	Wind 数据库
			IFS 数据库
			Fraiser Institute
	commodity TOT×trade openness	大宗商品贸易条件×贸易开放度	IMF 网站
	output gap/GDP	产出缺口占 GDP 比重	Wind 数据库
政策性变量	private credit/GDP	私人贷款占 GDP 比重	WDI 数据库
	adjusted fiscal balance	可调整的周期性财政平衡	IFS 数据库
	health spending/GDP	公共医疗支出占 GDP 比重	WEO 数据库
	(Reserves/GDP)×K controls	储备资产占 GDP 比重×资本管制程度	IFS 数据库
			Fraiser Institute

三　各变量的描述性统计

将全样本国家的被解释变量经常账户与 GDP 之比作为考察对象，危机后（2008~2015 年）各国经常账户失衡的调整速度和方向具有显著的异质性，大多数国家经常账户失衡发生显著改善。从地理分布来看，亚洲国家经常账户失衡的改善最为显著，欧洲国家经常账户失衡调整的步伐最不一致。

通过对各变量进行描述性统计（见表 3-2）可以发现：从全时间段来看，对比发展中国家，发达国家经常账户失衡具有显著的异质性（标准差较大），人口结构中老龄人口占比较高，人口增长缓慢，经济基本面较好，政治环境较为稳定，周期性变量对经常账户冲击相对较小。

四　各变量的经济学解释

由式（1）可知，各解释变量主要通过国民收入恒等式对经常账户产生影响，笔者对其经济学意义及预期符号做出解释。

（一）结构性变量

人均产出占 GDP 比重：反映了一国生产率的发展状况，由总产出与劳动人口比值除以 GDP 度量。此外，还引入了人均产出占 GDP 比重与资本开放度的乘积项，因为资本管制会通过借贷效应抑制一国的产出效率。因此，人均产出占 GDP 比重通常对经常账户相对规模起正向促进作用。

GDP 增长率：反映了一国的经济实力，理论上，高 GDP 增长率的国家投资比例更高，因此，根据内外部均衡条件，GDP 增长率对经常账户相对规模起负向抑制效应。

净国外资产占 GDP 比重：净国外资产高的国家通常具有较高的

表 3-2　各变量的描述性统计

变量	全样本（1986~2015 年）				发达国家（1986~2015 年）				发展中国家（1986~2015 年）			
	均值	最大值	最小值	标准差	均值	最大值	最小值	标准差	均值	最大值	最小值	标准差
经常账户相对规模	-0.005	0.168	-0.144	-0.005	0.004	0.162	-0.144	0.047	-0.015	0.168	-0.107	0.041
净国外资产占 GDP 比重	-0.237	1.376	-1.597	0.355	-0.128	1.376	-1.597	0.415	-0.334	0.305	-1.327	0.253
储备货币份额	0.045	0.715	0	0.115	0.095	0.715	0	0.153	0	0	0	0
人均产出占 GDP 比重	-0.001	1.011	-0.549	0.368	0.337	1.011	-0.318	0.223	-0.303	0.067	-0.549	0.136
石油或天然气贸易平衡	0.004	0.251	-0.005	0.024	0.005	0.251	-0.005	0.033	0.003	0.077	-0.005	0.012
人口抚养比例	-0.041	0.235	-0.188	0.092	0.033	0.235	-0.153	0.056	-0.106	0.051	-0.188	0.063
GDP 增长率	0.006	0.069	-0.092	0.018	-0.004	0.050	-0.026	0.011	0.015	0.068	-0.092	0.018
人口增长率	0.003	0.029	-0.013	0.008	-0.001	0.029	-0.010	0.006	0.006	0.025	-0.013	0.008
老龄化比例	-0.038	0.185	-0.184	0.055	-0.009	0.185	-0.125	0.055	-0.062	0.065	-0.125	0.041
政治稳定性	-0.073	0.196	-0.552	-0.072	0.042	0.196	-0.368	0.086	-0.176	0.093	-0.552	0.116
国际资本市场状况	-0.001	0.133	-0.092	0.051	-0.001	0.133	-0.092	0.059	-0.001	0.133	-0.092	0.043
大宗商品贸易条件	-0.000	0.155	-0.112	0.020	-0.000	0.155	-0.092	0.017	0.000	0.116	-0.112	0.022
产出缺口占 GDP 比重	0.001	0.186	-0.144	0.031	-0.004	0.106	-0.086	0.022	0.005	0.186	-0.144	0.037
私人贷款占 GDP 比重	-0.010	1.059	-0.444	0.193	0.006	1.059	-0.444	0.211	-0.025	0.600	-0.413	0.174
可调整的周期性财政平衡	0.005	0.070	-0.080	0.023	0.007	0.068	-0.053	0.023	0.003	0.070	-0.080	0.024
公共医疗支出占 GDP 比重	-0.011	0.036	-0.057	0.023	0.006	0.036	-0.041	0.014	-0.029	0.017	-0.057	0.016
储备资产占 GDP 比重	0.001	0.082	-0.020	0.009	-0.002	0.026	-0.011	0.004	0.004	0.082	-0.020	0.011

注：部分指标经过标准化和去趋势处理，结果保留三位小数。

经常账户余额。因此，净国外资产占比会对经常账户相对规模起正向促进作用。

石油或天然气贸易平衡：主要由石油或天然气净出口占比决定，由于所有样本国家都是石油或天然气的净出口国，这一指标的度量还要考虑石油或天然气年产量占全球储备存量的相对比例。能源生产国通常存在持续的经常账户盈余。因此，该指标对经常账户相对规模产生正向促进作用。

人口相关变量：老龄化比例越高，储蓄率往往越高，进而对经常账户产生正向促进效应。人口抚养比例则通过两种效应影响储蓄率，一种是生命周期效应，一种是复合效应。人口抚养比例通过生命周期效应对经常账户产生正向促进作用，通过复合效应对经常账户产生负向抑制作用。此外，人口增长率越高，对经常账户相对规模的负向作用越大。

政治稳定性：政治稳定性越低，政治风险越高，投资积极性越低，储蓄需求越高，因此，政治稳定性对经常账户相对规模起负向驱动作用。

储备货币份额：储备货币份额反映了一国在国际货币体系中的地位，储备货币份额大的国家会透支经常账户，为其他国家提供借款。因此，该指标通常与经常账户相对规模呈负相关关系。

（二）周期性变量

国际资本市场状况：主要由资本市场恐慌指数（VIX）度量，VIX并非对所有国家产生显著影响，而仅对资本开放国产生显著影响，因此只有该指标与资本开放度的乘积项才具有更重要的经济含义。此外，对于非储备货币国家而言，VIX的大幅波动会引起经常账户余额上升；而对于储备货币国家而言，产生的效应则正好相反。

大宗商品贸易条件：由大宗商品出口价格指数与进口价格指数之

比度量。大宗商品贸易条件与贸易开放度构成交乘项，将放大大宗商品贸易条件对经常账户相对规模的正向驱动作用。

产出缺口占 GDP 比重：低产出缺口占比意味着高储蓄和低投资，因此，产出缺口占 GDP 比重对经常账户相对规模产生负向抑制效应。

（三）政策性变量（控制变量）

私人贷款占 GDP 比重：反映了金融政策的情况，私人贷款过剩会导致需求膨胀，缩小经常账户。因此，私人贷款占 GDP 比重对经常账户相对规模产生显著的负向抑制效应。

可调整的周期性财政平衡：此变量为工具变量，由于没有考虑跨期代际效应，李嘉图等价定理在此并不成立。财政支出扩张通常会引起经常账户余额上升。因此，该变量对经常账户相对规模产生正向促进作用。

公共医疗支出占 GDP 比重：社会保障政策将影响国民储蓄率。公共医疗支出占比提升会降低预防性储蓄需求，减少家庭部门储蓄，因而对经常账户相对规模起负向抑制效应。

外汇干预程度：该变量为工具变量，用储备资产占 GDP 比重与资本管制程度的乘积表示，反映了一国的外汇政策情况。此前大多数文献的实证结果表明外汇干预程度对经常账户相对规模起正向促进作用。

五　样本和方法选择

本章选取了包括中国、美国、日本、德国等全球主要经济体在内的 49 个国家，① 充分考虑了国家间的异质性，并且涵盖了基于流量衡

---

① 49 个国家包括：阿根廷、澳大利亚、奥地利、比利时、巴西、加拿大、智利、中国、哥伦比亚、哥斯达黎加、捷克、丹麦、埃及、芬兰、法国、德国、希腊、危地马拉、匈牙利、印度、印度尼西亚、爱尔兰、以色列、意大利、日本、韩国、马来西亚、墨西哥、摩洛哥、荷兰、新西兰、挪威、巴基斯坦、秘鲁、菲律宾、波兰、葡萄牙、俄罗斯、南非、西班牙、斯里兰卡、瑞典、瑞士、泰国、突尼斯、土耳其、英国、美国、乌拉圭。

量的全球经常账户失衡的 90% 以上。需要说明的是，由于 EBA 方法的限制，样本中剔除了诸如沙特阿拉伯等以石油产业为支柱的单一经济国家。作者将样本分为发达国家和发展中国家两组，总样本区间为1986~2015 年，选取 1986~1996 年为基期，考虑到 1997 年亚洲金融危机和 2008 年全球金融危机的影响，划分出 1997~2007 年全球经常账户失衡加剧阶段和 2008~2015 年危机后全球经常账户失衡调整两个阶段，分别讨论回归结果，以说明全球经常账户失衡及调整是由何种因素驱动的，并且引入了时间虚拟变量的回归结果支持本章的分类方式。

　　由于被解释变量经常账户失衡程度并未表现出很强的自相关性，以往研究的实证文章大多将经常账户的滞后 1 期引入回归方程，导致经济学意义上难以解释。[①] 本书在实证方法上做出如下改进：主回归采用 pooled FGLS 法建立面板回归方程，考虑可能存在的异方差和多重共线性，引入部分解释变量的 AR（1），缓解内生性，同时在模型估计时考虑了可能存在的个体效应和时间效应。

第三节　实证结果分析

一　全样本的回归结果

（一）全时间段：1986~2015 年

全时间段回归结果显示（见表 3-3），第一，选取政策性变量为控制变量后，在 1% 的显著性水平下，大部分结构性和周期性变量是发达国家或发展中国家经常账户相对规模变动的驱动因素。第二，发

---

　　① 由于经常账户为一个慢变量，并非具有显著的自相关性，当前经常账户余额与上一期因果关系不大，因此如果引入经常账户的动态面板回归方程，将造成经济学意义难以解释。

表3-3 全球经常账户相对规模变动的驱动因素

类型	变量名	全时间段		1986~1996年		1997~2007年		2008~2015年	
		发达国家	发展中国家	发达国家	发展中国家	发达国家	发展中国家	发达国家	发展中国家
结构性变量	L. NFA/Y	0.027*** (6.71)	0.022*** (3.87)	0.040*** (5.52)	0.046*** (3.66)	0.015** (2.45)	0.015** (1.97)	0.015 (1.4)	0.023*** (2.59)
	L. output_per	0.109*** (3.67)	0.136*** (7.09)	-0.086*** (-2.96)	0.032 (1.14)	-0.114* (-1.78)	0.191*** (6.15)	0.029 (0.2)	0.163*** (4.88)
	Resource Trade Balance#	0.193*** (4.41)	0.620*** (5.18)	0.055 (0.54)	0.527* (1.78)	0.121* (1.71)	1.162*** (5.41)	0.093 (1.00)	0.472*** (3.14)
	Population Growth#	-0.942*** (-3.12)	-1.168*** (-3.89)	-1.241*** (-2.45)	-0.076 (-0.14)	-0.142 (-0.32)	-2.219*** (-4.23)	-3.074*** (-3.32)	-1.387** (-2.14)
	Dependency Ratio	-0.012 (-0.34)	-0.228*** (-4.86)	0.004 (0.08)	-0.094 (-0.99)	0.046 (0.69)	-0.352*** (-4.39)	-0.025 (-0.32)	-0.209** (-2.52)
	Dependency Ratio×Aging_Speed	0.143*** (6.3)	-0.188*** (-3.24)	0.136*** (4.92)	-0.221 (-1.03)	0.143*** (4.79)	-0.202* (-1.93)	0.007 (0.1)	-0.086 (-1.12)
	GDP Growth#	-0.647*** (-3.38)	-0.443*** (-3.62)	-0.339 (-1.48)	-0.622*** (-3.17)	-1.267*** (-3.62)	-0.142 (-0.72)	0.236 (0.48)	-0.276 (-1.26)
	Currency Share	-0.077*** (-8.38)		-0.040*** (-2.88)		-0.097*** (-6.82)		-0.149*** (-5.76)	
	Safer political environment#	-0.180*** (-7.73)	-0.097*** (-5.12)	-0.087*** (-2.66)	-0.029 (-0.76)	-0.266*** (-8.14)	-0.122*** (-4.43)	-0.369*** (-5.47)	-0.069* (-1.86)
周期性变量	L. d_vix×K_openness	0.029* (1.94)	0.045 (1.59)	-0.120*** (-3.52)	0.070 (0.64)	0.065* (1.68)	0.017 (0.39)	-0.030 (-0.57)	0.075* (1.88)

续表

类型	变量名	全时间段		1986~1996 年		1997~2007 年		2008~2015 年	
		发达国家	发展中国家	发达国家	发展中国家	发达国家	发展中国家	发达国家	发展中国家
周期性变量	L. d_vix×K_openness×Currency Share	-0.001 (-0.06)		0.265 (1.32)		0.010 (0.06)		0.105 (0.45)	
	commodity TOT×trade openness	0.133* (1.96)	-0.005 (-0.08)	0.641*** (3.8)	-0.260 (-1.53)	0.434*** (3.81)	0.020 (0.23)	-0.074 (-0.63)	-0.037 (-0.48)
	output gap/GDP#	-0.378*** (-6.60)	-0.299*** (-7.33)	-0.246*** (-3.68)	-0.178*** (-3.08)	-0.349*** (-3.60)	-0.257*** (-4.13)	-0.518*** (-4.19)	-0.507*** (-4.73)
	d_private credit/GDP#	-0.019*** (-3.16)	-0.004 (-0.46)	-0.035*** (-3.14)	-0.039* (-1.76)	-0.048*** (-3.45)	0.020 (1.34)	0.016 (1.19)	-0.079*** (-4.42)
	adjusted fiscal balance#(IV)	0.763*** (9.6)	0.250*** (3.03)	0.410*** (3.5)	0.083 (0.59)	1.206*** (8.66)	0.334*** (2.67)	1.356*** (6.14)	0.699*** (4.82)
政策性变量（控制变量）	L. health spending/GDP#	0.009 (0.07)	-0.662*** (-5.08)	0.143 (0.85)	-0.453* (-1.79)	-0.312 (-1.61)	-0.892*** (-4.37)	-0.738** (-2.15)	-0.556*** (-2.90)
	(Reserves/GDP)×K controls#(IV)	-0.284 (-0.68)	1.092*** (7.09)	1.112 (1.56)	0.424 (1.28)	-0.036 (-0.05)	0.965*** (4.45)	-4.141*** (-2.92)	1.000*** (4.2)
	constant	-0.012*** (-3.77)	-0.022*** (-4.57)	-0.011** (-2.25)	-0.008 (-0.75)	-0.097 (-0.96)	-0.035*** (-4.01)	-0.033*** (-2.66)	-0.030*** (-3.40)
	观察值 N	690	756	253	273	253	286	184	197
	chi²	1248.15	595.72	335.76	118.18	949.01	411.74	455.9	384.05

注：结果最多保留三位小数。*、**、*** 分别表示在10%、5%、1%的水平下显著。"L." 表示一年滞后期，"d" 表示去除趋势项处理，"#" 表示该变量经过基于 GDP 权重的加权平均处理。"IV" 代表外生工具变量。表 3-4 至表 3-9 同。

达国家和发展中国家的驱动因素有所不同，例如，在1%的显著性水平下，人口抚养比例对发展中国家经常账户的驱动作用更为显著；在10%的显著性水平下，国际资本市场状况、大宗商品贸易条件只是发达国家经常账户相对规模变动的驱动因素。第三，在结构性变量中，净国外资产占GDP比重、人均产出占GDP比重、石油或天然气贸易平衡对经常账户相对规模变动起正向推动效应；人口增长率、GDP增长率、储备货币份额、政治稳定性对经常账户相对规模变动起负向效应；值得注意的是，生存风险①在发达国家组别中对经常账户相对规模变动起正向效应，在发展中国家组别中起负向效应，这可能是由生存风险对储蓄率的复合效应与生命周期效应所致。

（二）基期：1986~1996年

将1986~1996时间段作为基期，可以发现，影响发达国家和发展中国家经常账户相对规模变动的因素具有很大的差异。第一，就发达国家而言，1%显著性水平内，净国外资产占GDP比重、人均产出占GDP比重、人口增长率、储备货币份额、政治稳定性等是影响经常账户相对规模变动的结构性变量，国际资本市场状况、大宗商品贸易条件、产出缺口占GDP比重是影响经常账户相对规模变动的周期性变量。第二，就发展中国家而言，1%显著性水平内，净国外资产占GDP比重、GDP增长率是影响经常账户相对规模变动的结构性变量，产出缺口占GDP比重是影响经常账户相对规模变动的周期性变量。第三，人口增长率和GDP增长率分别是影响发达国家和发展中国家经常账户相对规模变动最重要的结构性变量，大宗商品贸易条件是影响发达国家经常账户相对规模变动最重要的周期性变量，产出

———————

① 由人口抚养比例与老龄化比例的交乘项表示。

缺口占 GDP 比重是影响发展中国家经常账户相对规模变动最重要的周期性变量。第四，值得注意的是，这一阶段，国际资本市场状况对发达国家经常账户相对规模变动呈现显著的负向效应。可能的解释是此段时间发达国家普遍开放了资本账户，而大多数发展中国家采取了严格的资本管制措施，因此国际资本相对在发达国家间流动，显著提高了发达国家的投资率，对经常账户走向产生负向影响。

（三）全球经常账户失衡加剧：1997~2007年

1997~2007 年为全球经常账户失衡加剧阶段，作者将此阶段回归结果与基期做比较，可以得出以下几点。第一，在 5% 显著性水平下，净国外资产占 GDP 比重、生存风险、GDP 增长率、储备货币份额和政治稳定性是影响发达国家经常账户相对规模变动的结构性变量，大宗商品贸易条件、产出缺口占 GDP 比重是影响发达国家经常账户相对规模变动的周期性变量。第二，与基期相比，影响发达国家经常账户相对规模变动的结构性变量有所变动，人口增长率不再显著，但 GDP 增长率的影响显著增强；影响发达国家经常账户相对规模变动的周期性变量减少，控制变量中政策性变量对经常账户相对规模变动的影响权重明显增大；第三，发达国家此轮经常账户相对规模变动更多与结构性和政策性因素有关，特别是与经济增长和政策调整有关。第四，在 5% 显著水平下，净国外资产占 GDP 比重、人均产出占 GDP 比重、石油或天然气贸易平衡、人口增长率、人口抚养比例、政治稳定性是影响发展中国家经常账户相对规模变动的结构性变量，产出缺口占 GDP 比重是影响其相对规模变动的周期性变量。第五，与基期相比，影响发展中国家经常账户相对规模变动的结构性变量明显增多，权重增大，人口相关变量代替 GDP 增长率成为影响此轮失衡的重要结构性变量；影响经常账户相对规模变动的周期性变量基本不变，影响经常账户相对规模变动的政策性变量增加，可以看出发展中国家经常账户相对规模变动主要与结构性和政策性因素有关。第六，引入个体效应的 FGLS 回归结果显示，在 5% 显著水平下，大多数发展中国家[①]表现出很强的个体效应，[②] 发达国家组别个体效应不显著。

（四）危机后经常账户失衡调整：2008~2015 年

将危机后的估计结果与危机前进行比较可以看出以下几点。第一，从数量上看，与危机爆发前相比，影响发达国家和发展中国家经常账户调整的结构性变量和周期性变量均减少，政策性变量增加。第二，从权重上看，发达国家影响显著的结构性变量权重明显上升，[③]尤其是人口增长率的变动；发展中国家影响显著的周期性变量权重上升；政策性变量的影响在两个组别中所占权重显著上升。第三，尽管发达国家更多的结构性变量发生显著性变化，但是这些结构性变量的改善对此轮经常账户调整起负向效应，即加剧了发达国家的经常账户赤字，[④] 周期性变量对发达国家经常账户失衡的负向冲击减弱。第四，发展中国家此轮调整与周期性变量有关，产出缺口占 GDP 比重影响权重的加大使其经常账户盈余发生改善。第五，2008~2015 年，结构性变量的改善触发了发达经济体经常账户的消极调整，这也印证了危机后发达国家经常账户在调整中分化、加剧失衡的事实；而发展中国家此轮经常账户失衡的调整与周期性变量的改善有关。

---

① 这些国家包括：巴西、中国、哥伦比亚、哥斯达黎加、埃及、危地马拉、印度、印度尼西亚、墨西哥、摩洛哥、巴基斯坦、秘鲁、菲律宾、俄罗斯、南非、泰国、斯里兰卡、突尼斯、土耳其。

② 个体效应指模型中不随时间变化而变化的影响因素。

③ 由于各阶段选取变量相同，数据也经过标准化处理，因而通过比较回归系数判断结构性和周期性变量驱动作用大小。

④ 考虑到发达国家多数为逆差国，即此轮发达国家经常账户失衡的改善可能主要与结构性变量本身恶化有关，而不是各国采取了积极的结构性调整措施。

二　G20国家的回归结果

由以上的估计结果可以看出，各经济体经常账户相对规模变动在空间上、时间上表现出显著的异质性。由于危机后全球经济平衡增长成为 G20 各国经济实现复苏的共同主题，本章选取 49 个国家样本中的 G20 国家[①]进行系统性研究，探求驱动这些主要国家经常账户失衡调整的因素。

（一）全时间段：1986~2015年

如表 3-4 所示，控制政策性变量后，从全时间段看，绝大多数结构性变量是 G20 国家经常账户相对规模变动的驱动因素，大宗商品贸易条件与产出缺口占 GDP 比重是 G20 国家经常账户相对规模变动的周期性驱动因素。如果进一步将 G20 国家分为发达国家和发展中国家两个组别，不难发现以下两点。第一，发达国家和发展中国家的结构性驱动因素有所不同，发达国家经常账户相对规模变动主要取决于人均产出占 GDP 比重、人口相关变量，发展中国家经常账户走向主要取决于净国外资产占 GDP 比重、GDP 增长率、石油或天然气贸易平衡等变量。第二，产出缺口占 GDP 比重是决定发达国家经常账户相对规模变动的周期性因素，大宗商品贸易条件、产出缺口占 GDP 比重是决定发展中国家经常账户相对规模变动的周期性因素。值得关注的是，在此期间，大宗商品贸易条件对发展中国家经常账户起负向驱动作用，这可能与此阶段发展中国家进出口商品结构发生了较大调整有关。

[①]　选取 EBA 样本 49 个国家中的 G20 成员，即剔除了沙特阿拉伯和部分欧元区国家。分阶段回归前，引入时间段虚拟变量的回归结果显著，所分时间段合理。

表 3-4　1986～2015 年 G20 国家经常账户的回归结果

类型	变量名	全样本	发达国家	发展中国家
结构性变量	L. NFA/Y	0.024*** (6.05)	0.006 (1.25)	0.033*** (4.33)
	L. output_per	-0.060*** (-3.78)	-0.093** (-2.57)	-0.029 (-1.38)
	L. output_per×K_openness	0.177*** (9.11)	0.265*** (6.90)	0.093*** (2.76)
	Resource Trade Balance#	1.112*** (7.46)	0.495 (1.48)	1.204*** (6.30)
	Population Growth#	-1.362*** (-5.01)	-3.433*** (-8.77)	-0.356 (-0.81)
	Dependency Ratio#	-0.009 (-0.33)	0.083** (2.15)	0.047 (0.71)
	Dependency Ratio×Aging_Speed	0.110*** (5.37)	0.108*** (5.11)	-0.041 (-0.58)
	GDP Growth#	-0.942*** (-7.65)	-0.287 (-1.39)	-0.951*** (-5.45)
	Currency Share	-0.078*** (-8.52)	-0.093*** (-9.46)	
	Safer political environment#	-0.182*** (-10.57)	-0.182*** (-6.74)	-0.129*** (-5.75)
周期性变量	L. d_vix×K_openness	0.008 (0.33)	-0.005 (-0.19)	0.016 (0.42)
	L. d_vix×K_openness× Currency Share	0.104 (0.91)	0.052 (0.46)	
	commodity TOT×trade openness	-0.111* (-1.65)	0.096 (0.95)	-0.233*** (-2.85)
	output gap/GDP#	-0.249*** (-5.74)	-0.330*** (-5.10)	-0.177*** (-3.39)
政策性变量	d_private credit/GDP#	-0.011** (-2.01)	-0.002 (-0.34)	-0.018 (-1.49)
	adjusted fiscal balance#(IV)	0.713*** (10.13)	1.031*** (10.49)	0.293** (2.59)
	L. health spending/GDP#	-0.544*** (-4.32)	-0.438*** (-2.99)	-0.875*** (-4.01)
	(Reserves/GDP)×K controls# (IV)	0.029 (0.18)	-0.183 (-0.32)	0.432** (2.43)
	constant	-0.017*** (-7.11)	-0.041*** (-10.01)	-0.024*** (-3.95)
	观察值 N	864	540	324
	chi²	828.08	665.31	468.41

注：结果最多保留至小数点后三位。

（二）基期：1986~1996年

如表3-5所示，比较1986~1996年G20国家两个组别经常账户相对规模变动的驱动因素，可以得出以下结论：第一，在1%的显著性水平下，影响发达国家经常账户的结构性变量显著多于发展中国家；第二，在5%的显著性水平下，国际资本市场状况、大宗商品贸易条件、产出缺口占GDP比重是发达国家经常账户相对规模变动的周期性驱动因素，产出缺口占GDP比重是发展中国家经常账户相对规模变动的周期性驱动因素；第三，受可能的资本管制措施影响，此阶段人均产出占GDP比重与国际资本市场状况对发达国家经常账户相对规模变动起负向驱动作用。

（三）全球经常账户失衡加剧：1997~2007年

相比于基期，G20国家此轮经常账户失衡驱动因素发生了明显变化。第一，就发达国家而言，经常账户结构性驱动因素发生变化，在1%的显著性水平下，政治稳定性的影响较为显著，净国外资产占GDP比重不再是此期间经常账户失衡的驱动因素；发达国家周期性驱动因素减少，在1%的显著性水平下，产出缺口占GDP比重是经常账户失衡的周期性驱动因素。第二，就发展中国家而言，在1%的显著性水平下，结构性驱动因素数量明显多于基期，全部的周期性变量不显著。第三，发达国家和发展中国家经常账户失衡均由结构性因素推动。

（四）危机后经常账户失衡调整：2008~2015年

从危机后G20国家经常账户失衡调整的回归结果中不难发现以下两点。第一，大部分发达国家结构性驱动因素显著性未发生较大调整，但考虑到发达国家多为经常账户赤字国，人口相关变量的负向冲击不利于发达国家经常账户失衡的调整；发达国家结构性变量对经常

表 3-5　G20 国家经常账户分阶段回归结果

类型	变量名	1986~1996 年 发达国家	1986~1996 年 发展中国家	1997~2007 年 发达国家	1997~2007 年 发展中国家	2008~2015 年 发达国家	2008~2015 年 发展中国家
	L. NFA/Y	0.048*** (4.82)	0.0602*** (2.69)	-0.001 (-0.17)	0.038*** (3.29)	-0.006 (-0.62)	-0.009 (-0.65)
	L. output_per	-0.143*** (-3.10)	0.009 (0.34)	-0.149** (-2.02)	0.022 (0.53)	0.433*** (3.16)	-0.138** (-2.00)
	L. output_per×K_openness	0.211*** (4.75)	0.077 (1.13)	0.346*** (4.38)	-0.016 (-0.30)	-0.139 (-1.01)	0.226*** (2.1)
结构性变量	Resource Trade Balance#	1.270*** (3.27)	2.162** (2.01)	2.014*** (3.14)	1.222*** (3.97)	3.216*** (3.57)	0.983*** (2.75)
	Population Growth#	-1.678*** (-2.76)	-1.220 (-1.61)	-1.914*** (-3.02)	-3.148*** (-3.68)	-7.275*** (-8.29)	-1.705 (-1.20)
	Dependency Ratio#	-0.054 (-1.03)	0.0603 (0.46)	0.306*** (3.51)	-0.344*** (-3.63)	0.202*** (2.64)	-0.022 (-0.13)
	Dependency Ratio×Aging_Speed	0.118*** (3.93)	0.860*** (2.93)	0.114*** (3.83)	-0.309** (-2.05)	-0.017 (-0.23)	-0.138 (-1.53)
	GDP Growth#	-0.407 (-1.45)	-0.401 (-1.58)	-0.365 (-0.93)	-0.350 (-1.33)	0.347 (0.67)	-0.751** (-2.15)
	Currency Share	-0.068*** (-3.61)		-0.097*** (-5.94)		-0.150*** (-6.83)	
	Safer political environment#	-0.018 (-0.43)	-0.011 (-0.22)	-0.290*** (-7.22)	-0.137*** (-4.51)	-0.481*** (-7.61)	-0.026 (-0.51)

续表

类型	变量名	1986~1996年 发达国家	1986~1996年 发展中国家	1997~2007年 发达国家	1997~2007年 发展中国家	2008~2015年 发达国家	2008~2015年 发展中国家
周期性变量	L.d_vix×K_openness	-0.101** (-2.43)	-0.157 (-1.02)	0.044 (1.03)	0.057 (1.08)	-0.130*** (-2.76)	0.050 (1.17)
	L.d_vix×K_openness×Currency Share	0.152 (0.72)		0.052 (0.30)		0.265 (1.42)	
	commodity TOT×trade openness	0.656*** (2.82)	0.470 (0.75)	0.344 (1.60)	0.038 (0.31)	-0.196 (-1.38)	0.074 (0.87)
	output gap/GDP#	-0.216*** (-2.83)	-0.282*** (-4.16)	-0.465*** (-3.68)	-0.123 (-1.47)	-0.067 (-0.48)	-0.490*** (-4.42)
	d_private credit/GDP#	-0.036*** (-3.09)	-0.105*** (-4.27)	-0.009 (-0.56)	-0.040* (-1.91)	0.043*** (3.54)	-0.023 (-1.19)
	adjusted fiscal balance#(IV)	0.217 (1.48)	-0.169 (-0.65)	1.734*** (8.74)	-0.062 (-0.30)	1.634*** (8.63)	0.664*** (3.66)
政策性变量	L. health spending/GDP#	-0.131 (-0.61)	-1.176*** (-3.51)	-0.537** (-2.56)	-0.100 (-0.25)	-0.434 (-1.26)	-0.570 (-1.30)
	(Reserves/GDP)×K controls# (IV)	1.686** (1.98)	-0.703* (-1.79)	-0.372 (-0.36)	0.640*** (2.79)	1.863 (1.24)	1.149*** (3.51)
	constant	-0.012* (-1.68)	0.038** (2.08)	-0.049*** (-7.52)	-0.063*** (-4.35)	-0.052*** (-4.96)	-0.044*** (-3.15)
观察值 N		198	115	198	121	144	88
chi²		196.35	106.64	517.79	486.06	473.17	421.35

账户失衡调整的驱动作用强于周期性变量。第二，驱动发展中国家此轮经常账户调整的周期性因素为产出缺口占 GDP 比重，并且触发了经常账户的积极调整。

三 其他组别的回归结果

为了进一步挖掘全球各区域经常账户相对规模变动的驱动因素和主要特征，本章按照 IMF《世界经济展望》（WEO）数据库国别的分类，对金砖五国、欧元区国家、G7 国家和亚洲发展中国家分别进行分阶段回归，加入虚拟变量的整体回归结果显示，所选阶段合理。四个组别分阶段回归结果如表 3-6 所示。

对于金砖五国而言，结构性变量是 1997~2007 年经常账户失衡的主要驱动因素，尤其是人口相关变量在其中扮演了重要角色；而危机后大部分变量的显著性下降，以产出缺口占 GDP 比重为代表的周期性变量是五国经常账户调整的决定因素。

对于欧元区国家而言，结构性变量导致了其 1997~2007 年的持续经常账户失衡，石油或天然气贸易平衡是这一期间失衡的主导因素；危机后结构性变量对经常账户的调整也起到重要作用，考虑到欧元区国家经常账户调整的异质性（例如德国是持续的顺差国，南欧五国是显著的逆差国），因此结构性变量对各国经常账户调整的方向是不一致的。

对于 G7 国家而言，GDP 增长率和石油或天然气贸易平衡是导致 1997~2007 年经常账户失衡的主要因素；危机后结构性变量的显著性下降，加上 G7 顺差国和逆差国平分秋色，此轮经常账户调整很可能与国际资本市场状况等周期性因素有关。

对于亚洲发展中国家而言，1997~2007 年经常账户失衡的主要驱

表3-6　其他组别分阶段回归结果

变量名	金砖五国 1986~1996	金砖五国 1997~2007	金砖五国 2008~2015	欧元区国家 1986~1996	欧元区国家 1997~2007	欧元区国家 2008~2015	G7国家 1986~1996	G7国家 1997~2007	G7国家 2008~2015	亚洲发展中国家 1986~1996	亚洲发展中国家 1997~2007	亚洲发展中国家 2008~2015
$L.NFA/Y$	-0.030 (-0.48)	-0.041 (-0.94)	-0.024 (-0.42)	-0.026 (-0.86)	0.038*** (5.05)	0.001 (0.06)	-0.028 (-1.08)	0.066** (2.08)	-0.041 (-1.62)	0.081*** (3.23)	0.007 (0.32)	0.156*** (3.25)
$GDP\ Growth\#$	-0.662** (-2.46)	0.067 (0.10)	-0.034 (-0.03)	-0.237 (-1.29)	-0.107 (-0.19)	0.415 (0.42)	-1.074*** (-3.14)	-1.722*** (-2.87)	0.501 (0.61)	-0.366* (-1.70)	-0.555 (-1.13)	0.659* (1.65)
$L.output\_per$	0.074 (1.01)	0.041 (0.24)	-0.176 (-0.78)	-0.221*** (-2.81)	0.418*** (2.43)	1.024*** (5.70)	0.016 (0.18)	0.742*** (3.92)	0.185 (1.42)	0.141*** (4.58)	0.096 (1.19)	0.150 (0.82)
$L.output\_per×$ $K\_openness$	0.168 (1.49)	-0.437** (-2.37)	0.323* (1.88)	0.005 (0.05)	-0.286 (-1.31)	-0.726*** (-4.21)	-0.012 (-0.21)	-0.489*** (-2.74)	-0.017 (0.53)	-0.133 (-1.29)	0.213** (2.43)	0.248* (1.87)
$Resource\ Trade$ $Balance\#$	-3.981 (-1.14)	2.094* (1.94)	0.698 (0.37)	-4.193 (-0.85)	-5.673*** (-9.81)	-4.407*** (-3.72)	0.006 (0.02)	2.267*** (3.34)	2.587*** (3.03)	0.170 (0.74)	1.469** (2.11)	-3.615*** (-3.98)
$Dependency\ Ratio\#$	0.686** (2.18)	-0.678* (-1.96)	0.270 (0.49)	0.152 (0.43)	1.429*** (5.52)	0.026 (0.17)	0.277* (2.51)	0.322* (1.93)	0.241 (1.22)	-0.033 (-0.08)	-1.281*** (-3.21)	-0.572 (-1.12)
$Population\ Growth\#$	1.409 (0.84)	-11.219*** (-3.40)	-2.213 (-0.36)	3.408*** (3.37)	-0.832 (-0.80)	-7.465*** (-3.60)	-2.099 (-1.62)	0.451 (0.50)	-8.157*** (-7.54)	-0.348 (-0.37)	-2.767** (-2.36)	-8.859* (-1.98)
$Dependency\ Ratio×$ $Aging\_Speed$	-0.288 (-0.28)	0.797 (1.46)	-0.052 (-0.20)	0.030 (0.20)	0.583*** (2.80)	0.255*** (3.06)	0.185*** (4.77)	0.020 (0.29)	0.176* (1.90)	-1.654** (-2.49)	-0.082 (-0.31)	1.642*** (3.18)
$Currency\ Share$				-3.140*** (-4.88)	-0.095* (-1.92)	-0.560*** (-6.59)	-0.024 (-0.66)	-0.107*** (-2.93)	-0.057 (-0.97)			
$Safer\ political$ $environment\#$	0.146* (1.72)	-0.163 (-1.55)	0.256 (0.91)	-0.043 (-0.43)	-0.225*** (-4.04)	-0.603*** (-4.21)	0.013 (0.18)	-0.086 (-1.31)	-0.151 (-1.63)	-0.123 (-1.24)	0.012 (0.24)	0.183 (1.58)

结构性变量

续表

	变量名	金砖五国			欧元区国家			G7国家			亚洲发展中国家		
		1986~1996	1997~2007	2008~2015	1986~1996	1997~2007	2008~2015	1986~1996	1997~2007	2008~2015	1986~1996	1997~2007	2008~2015
周期性变量	L. d_vix×K_openness	0.053 (0.23)	0.239 (1.61)	0.069 (0.52)	-0.012 (-0.31)	0.127*** (2.77)	0.067 (1.28)	-0.074* (-1.94)	0.050 (1.27)	-0.088** (-2.37)	0.640** (3.47)	-0.031 (-0.26)	0.133 (1.40)
	L. d_vix×K_openness× Currency Share				-3.468*** (-3.92)	0.062 (0.20)	-0.490 (-1.14)	-0.155 (-0.87)	0.123 (0.99)	0.014 (0.11)			
	tot_openness	-0.146 (-0.20)	0.214 (1.12)	0.094 (0.62)	0.556 (0.90)	0.279 (1.51)	0.652* (1.75)	0.846*** (2.92)	-0.297 (-1.37)	0.163 (1.06)	-0.195 (-0.62)	0.331 (1.17)	-0.007 (-0.05)
	output gap/GDP#	-0.361* (-2.57)	-0.708*** (-3.26)	-0.798*** (-2.79)	-0.109* (-1.74)	-0.121 (-0.71)	0.291 (1.04)	-0.228* (-1.96)	-0.517** (-2.39)	0.269 (1.51)	-0.409*** (-2.73)	-0.594*** (-5.37)	-0.457** (-2.40)
	d_private credit/ GDP#	-0.091*** (-3.45)	-0.093* (-1.73)	-0.034 (-0.65)	-0.039 (-1.13)	-0.047** (-2.20)	-0.011 (-0.88)	-0.034 (-1.37)	-0.019 (-0.85)	0.015 (0.415)	0.150*** (2.77)	0.007 (0.34)	-0.247*** (-6.87)
政策性变量	adjusted fiscal balance#(IV)	-0.946 (-1.59)	0.609 (0.72)	0.911 (1.35)	0.427 (0.79)	1.421*** (4.24)	1.023*** (4.15)	0.804** (2.11)	0.321 (0.91)	0.749** (2.05)	0.446* (1.72)	0.088 (0.41)	-0.287 (1.03)
	L. health spending/ GDP#	-1.191 (-1.58)	0.454 (0.40)	-0.887 (-0.49)	-2.461*** (-5.91)	1.632* (1.78)	-1.833*** (-3.04)	-0.393 (-1.19)	0.472 (1.57)	-0.299 (-0.66)	-0.910 (-0.90)	-0.673 (-0.64)	-0.293 (-0.26)
	(Reserves/GDP) × K controls#(IV)	0.768* (1.72)	0.782** (2.43)	0.675 (1.33)	0.263 (0.26)	0.110 (0.07)	7.585*** (3.26)	6.127*** (3.46)	-1.638 (-0.88)	3.483 (1.22)	1.252** (2.18)	0.256 (0.85)	0.566 (1.34)
	constant	0.109 (1.58)	-0.088 (-1.62)	0.024 (0.42)	0.134*** (3.52)	-0.101*** (-2.99)	0.101** (2.30)	-0.004 (-0.15)	-0.106*** (-3.07)	-0.055 (-1.21)	-0.058 (-1.54)	-0.092** (-2.14)	0.021 (0.34)
	method	GLS	GLS	GLS	GLS	GLS	GLS	GLS	GLS	GLS	GLS	GLS	GLS

注：结果最多保留至小数点后三位。

动因素是结构性变量；而危机后经常账户失衡的调整仍与结构性变量有关，考虑到这一区域经济体主要是顺差国，这些结构性变量的变动方向大多有助于经常账户失衡的改善。

第四节　稳健性检验

根据 IMF 的研究，[①] 引入是否为金融中心的虚拟变量，不考虑人口结构的非线性影响，全样本国家（1986～2010 年）回归结果显示如下。在 10% 的显著性水平下，大部分结构性、周期性、政策性变量是全球经常账户走向的驱动因素。如果考虑货币政策的影响，回归中再引入实际利率与资本管制的交乘项，结果显示，实际利率并不影响经常账户的相对余额，其他变量的显著性与符号均未发生显著变动；如果将储蓄和投资分解，改变被解释变量为经常账户与 GDP 之比加上投资率，回归结果显示，全部的结构性和周期性变量的符号和显著性未发生改变，大部分政策性变量的显著性水平不变。

此外，将自变量中部分变量的交乘项分解，全样本国家和 G20 国家分组分阶段的回归结果显示：资本账户开放度在不同时期对不同类型国家的作用不同，有时对经常账户相对规模变动起促进作用，有时对经常账户相对规模变动起抑制作用；结构性变量、周期性变量的显著性与引入交乘项的回归结果大体一致，呈现相似的趋势和特征（见表 3-7 至表 3-9）。

---

① Steven Philips. et al, The External Balance Assessment（EBA）Methodology［R］. IMF Working Paper, No. WP/13/272, 2013.

表3-7 加入时间段检验的回归结果

变量名	全样本		G20		其他分组			
	发展中国家	发达国家	发达国家	发展中国家	金砖五国	欧元区国家	G7国家	亚洲发展中国家
L.NFA/Y	0.021*** (3.88)	0.006 (1.32)	0.014*** (3.1)	0.034*** (3.65)	0.043* (1.71)	0.019** (2.49)	-0.0077432 (-0.63)	0.025* (1.88)
GDP Growth	-0.462*** (-3.80)	-0.164 (-0.76)	-0.504** (-2.38)	-0.574*** (-3.57)	-0.680*** (-2.63)	-1.114*** (-2.82)	-0.533* (-1.74)	-0.249 (-1.01)
L.output_per	0.147*** (7.55)	-0.072* (-1.92)	-0.017 (-0.47)	0.007 (0.35)	-0.017 (-0.37)	-0.082 (-0.94)	0.136* (1.86)	0.183*** (5.30)
L.output_per×K_openness	0.010 (0.55)	0.247*** (6.26)	0.203*** (5.11)	-0.044 (-1.38)	-0.065 (-1.12)	0.284*** (3.04)	-0.094 (-1.46)	0.014 (0.34)
Resource Trade Balance	0.601*** (5.05)	0.507 (1.53)	0.529 (1.53)	1.097*** (5.92)	0.833 (1.37)	1.566 (0.46)	0.366 (1.10)	0.364 (1.18)
Dependency Ratio	-0.273*** (-5.52)	0.064 (1.62)	0.049 (1.2)	-0.054 (-0.76)	0.069 (0.43)	0.229** (2.24)	0.101* (1.74)	-1.095*** (-5.28)
Population Growth	-1.544*** (-4.69)	-3.577*** (-8.98)	-3.114*** (-8.31)	-2.078*** (-4.39)	-1.044 (-1.08)	-2.177*** (-3.00)	-2.136*** (-4.15)	-2.572*** (-3.59)
Dependency Ratio×Aging_Speed	-0.221*** (-3.74)	0.103*** (4.84)	0.114*** (5.23)	0.148 (1.57)	-1.044 (-0.26)	0.026 (0.49)	0.147*** (5.27)	-0.019 (-0.13)
Currency Share		-0.094*** (-9.55)	-0.098*** (-9.69)			-0.016 (-0.72)	-0.020 (-1.20)	

续表

变量名	全样本		G20		其他分组			
	发展中国家	发达国家	发达国家	发展中国家	金砖五国	欧元区国家	G7国家	亚洲发展中国家
Safer political environment	-0.099***	-0.182***	-0.191***	-0.103***	-0.163***	-0.143**	-0.033	-0.080**
	(-5.26)	(-6.78)	(-7.06)	(-5.01)	(-2.87)	(-2.52)	(-0.78)	(-2.58)
L. d_vix×K_openness	0.075**	-0.025	-0.016	0.101**	0.011	-0.093	-0.023	0.134*
	(2.48)	(-0.87)	(-0.58)	(2.41)	(0.15)	(-1.34)	(-0.84)	(1.77)
L. d_vix×K_openness×Currency Share		0.061	0.092			0.138	0.033	
		(0.54)	(0.79)			(0.48)	(0.36)	
tot_openness	-0.002	0.129	0.090	-0.058	-0.069	0.751**	0.048	0.138
	(-0.04)	(1.26)	(0.85)	(-0.82)	(-0.65)	(2.59)	(0.36)	(1.08)
output gap/GDP	-0.281***	-0.320***	-0.385***	-0.147***	0.038	-0.309***	-0.128	-0.603***
	(-6.86)	(-4.95)	(-5.97)	(-3.11)	(0.38)	(-2.9)	(-1.25)	(-7.81)
d_private credit/GDP	-0.015	-0.005	-0.003	-0.071***	-0.090***	-0.031**	-0.046***	0.020
	(-1.57)	(-0.88)	(-0.599)	(-6.27)	(-5.13)	(-2.58)	(-4.33)	(1.25)
adjusted fiscal balance	0.268***	0.974***	0.955***	0.139	0.442	0.975***	0.416*	0.068
	(3.26)	(9.47)	(9.03)	(1.32)	(1.31)	(4.56)	(1.89)	(0.42)
L. health spending/GDP	-0.696***	-0.395**	-0.746***	-0.146	0.410	-0.240	0.169	-1.092**
	(-5.36)	(-2.67)	(-5.19)	(-0.63)	(0.81)	(-1.17)	(0.80)	(-2.40)
(Reserves/GDP)×K controls	1.075***	0.141	-0.697*	0.859***	0.824***	2.180**	1.849*	0.873***
	(7.02)	(0.24)	(-1.73)	(5.57)	(3.99)	(2.09)	(1.87)	(3.58)

续表

变量名	全样本		G20		其他分组				
	发展中国家	发达国家	发达国家	发展中国家	金砖五国	欧元区国家	G7 国家	亚洲发展中国家
Dummy	-0.013***	0.009**	0.005*	-0.043***	-0.038***	-0.003*	-0.008*	-0.001**
	(-2.70)	(2.40)	(1.95)	(-6.94)	(-3.64)	(-1.97)	(-1.80)	(-2.17)
constant	-0.019***	-0.044***	-0.046***	0.009	0.015	-0.068***	-0.021*	-0.123***
	(-3.84)	(-9.89)	(-10.02)	(1.12)	(0.53)	(-5.58)	(-1.83)	(-5.43)
method	FGLS	FGLS	FGLS	FGLS	GLS	GLS	GLS	GLS

注：部分变量进行了去趋势和加权处理。Dummy 表示区分时间段的虚拟变量：1986~1996 年时间段赋值为 0，1997~2007 年时间段赋值为 0.5，2008~2015 年时间段赋值为 1。

表 3-8　全样本分阶段回归结果（无人口相关变量交乘项）

变量名	1986～1996 年		1997～2007 年		2008～2015 年	
	发达国家	发展中国家	发达国家	发展中国家	发达国家	发展中国家
L. *NFA/Y*	0. 056 ***	0. 045 ***	0. 019 ***	0. 017 **	0. 017 *	0. 024 ***
	(0. 007)	(0. 013)	(0. 006)	(0. 007)	(0. 010)	(0. 008)
GDP Growth	−0. 371	−0. 610 ***	−1. 657 ***	−0. 299	0. 214	−0. 293
	(0. 248)	(0. 194)	(0. 353)	(0. 189)	(0. 477)	(0. 217)
L. *output_per*	0. 010	0. 056 **	0. 112 ***	0. 160 ***	0. 124 ***	0. 150 ***
	(0. 014)	(0. 024)	(0. 016)	(0. 023)	(0. 029)	(0. 027)
K_openness	0. 025	−0. 025 **	0. 068 ***	−0. 003	0. 032	−0. 001
	(0. 015)	(0. 012)	(0. 023)	(0. 011)	(0. 059)	(0. 011)
Resource Trade Balance	0. 071	0. 529 *	0. 107	1. 316 ***	0. 066	0. 454 ***
	(0. 110)	(0. 294)	(0. 071)	(0. 206)	(0. 082)	(0. 149)
Dependency Ratio	−0. 084 *	0. 017	−0. 053	−0. 222 ***	−0. 042	−0. 147 **
	(0. 048)	(0. 081)	(0. 065)	(0. 060)	(0. 071)	(0. 066)
Population Growth	−1. 150 **	0. 277	−0. 942 **	−1. 577 ***	−3. 224 ***	−0. 946 *
	(0. 511)	(0. 556)	(0. 428)	(0. 484)	(0. 856)	(0. 566)
Aging_Speed	1. 44e−05	0. 003	0. 001 **	−0. 001	−3. 97e−06	0. 001
	(2. 05e−05)	(0. 002)	(0. 001)	(0. 001)	(0. 001)	(0. 001)
Currency Share	−0. 034 ***		−0. 084 ***		−0. 145 ***	
	(0. 012)		(0. 014)		(0. 023)	
Safer political environment	−0. 082 **	−0. 009	−0. 287 ***	−0. 127 ***	−0. 364 ***	−0. 067 *
	(0. 035)	(0. 036)	(0. 034)	(0. 027)	(0. 066)	(0. 037)
L. *d_vix×K_openness*	−0. 135 ***	0. 031	0. 057 *	0. 014	−0. 015	0. 087 **
	(0. 035)	(0. 093)	(0. 031)	(0. 045)	(0. 037)	(0. 040)
tot_openess	0. 636 ***	−0. 271	0. 376 ***	−0. 009	−0. 061	−0. 025
	(0. 183)	(0. 171)	(0. 114)	(0. 086)	(0. 116)	(0. 076)
output gap/GDP	−0. 288 ***	−0. 176 ***	−0. 319 ***	−0. 261 ***	−0. 518 ***	−0. 518 ***
	(0. 074)	(0. 058)	(0. 099)	(0. 062)	(0. 119)	(0. 107)
d_private credit/GDP	−0. 010	−0. 044 **	−0. 042 ***	0. 022	0. 016	−0. 082 ***
	(0. 011)	(0. 021)	(0. 014)	(0. 014)	(0. 012)	(0. 017)
adjusted fiscal balance	0. 351 ***	0. 039	1. 349 ***	0. 351 ***	1. 345 ***	0. 694 ***
	(0. 127)	(0. 133)	(0. 150)	(0. 130)	(0. 223)	(0. 148)
L. *health spending/GDP*	0. 134	−0. 599 **	−0. 421 **	−1. 037 ***	0. 708 **	−0. 577 ***
	(0. 184)	(0. 254)	(0. 202)	(0. 191)	(0. 341)	(0. 185)

续表

变量名	1986~1996 年		1997~2007 年		2008~2015 年	
	发达国家	发展中国家	发达国家	发展中国家	发达国家	发展中国家
(Reserves/GDP)×K controls	1.977 **	0.464	0.963	0.825 ***	−3.943 ***	0.950 ***
	(0.795)	(0.336)	(0.793)	(0.228)	(1.366)	(0.258)
constant	−0.024 *	0.013	−0.079 ***	−0.018	−0.061	−0.022 *
	(0.013)	(0.009)	(0.021)	(0.012)	(0.060)	(0.012)
Observations	217	170	253	286	184	208
Number of country	23	26	23	26	23	26

注：括号里为稳健标准误，部分变量进行了去趋势和加权处理。

表 3-9　G20 国家分阶段回归结果（无人口相关变量交乘项）

变量	1986~1996 年		1997~2007 年		2008~2015 年	
	发达国家	发展中国家	发达国家	发展中国家	发达国家	发展中国家
L. NFA/Y	0.062 ***	−0.027	0.062 ***	0.049 ***	−0.004	0.004
	(0.010)	(0.029)	(0.010)	(0.011)	(0.009)	(0.018)
GDP Growth	−0.134	−0.723 ***	−0.134	−0.342	0.126	−0.906 ***
	(0.295)	(0.252)	(0.295)	(0.267)	(0.500)	(0.344)
L. output_per	0.039	0.024	0.039	−0.005	0.297 ***	−0.114 *
	(0.026)	(0.026)	(0.026)	(0.036)	(0.030)	(0.058)
K_openness	0.039 **	−0.035 *	0.039 **	0.015	−0.084 *	−0.014
	(0.018)	(0.019)	(0.018)	(0.016)	(0.051)	(0.031)
Resource Trade Balance	−1.372 ***	−0.532	−1.372 ***	1.666 ***	2.951 ***	1.454 ***
	(0.421)	(0.978)	(0.421)	(0.250)	(0.757)	(0.442)
Dependency Ratio	−0.130 **	−0.145	−0.130 **	−0.251 **	0.204 ***	0.344 **
	(0.058)	(0.111)	(0.058)	(0.102)	(0.076)	(0.149)
Aging_Speed	9.62e−06	0.012 ***	9.62e−06	−3.73e−05	−3.21e−05	−0.002
	(2.05e−05)	(0.003)	(2.05e−05)	(0.002)	(0.001)	(0.004)
Population Growth	−1.880 ***	−0.788	−1.880 ***	−2.360 ***	−7.210 ***	1.171
	(0.667)	(0.776)	(0.667)	(0.756)	(0.858)	(1.545)

续表

变量	1986~1996 年		1997~2007 年		2008~2015 年	
	发达国家	发展中国家	发达国家	发展中国家	发达国家	发展中国家
Currency Share	-0.058 ***		-0.058 ***		-0.139 ***	
	(0.017)		(0.017)		(0.020)	
Safer political environment	-0.043	-0.024	-0.043	-0.152 ***	-0.460 ***	0.005
	(0.041)	(0.048)	(0.041)	(0.029)	(0.061)	(0.057)
L. *d_vix_openness*	-0.118 ***	0.210	-0.118 ***	0.049	-0.081 **	0.039
	(0.042)	(0.128)	(0.042)	(0.054)	(0.034)	(0.046)
tot_openess	0.698 ***	0.037	0.698 ***	-0.018	-0.133	0.115
	(0.252)	(0.614)	(0.252)	(0.124)	(0.147)	(0.095)
output gap/GDP	-0.284 ***	-0.239 ***	-0.284 ***	-0.126	-0.080	-0.463 ***
	(0.084)	(0.064)	(0.084)	(0.085)	(0.139)	(0.117)
d_private credit/GDP	-0.015	-0.053 **	-0.015	-0.045 **	0.046 ***	-0.015
	(0.011)	(0.023)	(0.011)	(0.021)	(0.011)	(0.020)
adjusted fiscal balance	0.274 *	0.266	0.274 *	-0.019	1.570 ***	0.712 ***
	(0.157)	(0.250)	(0.157)	(0.194)	(0.185)	(0.181)
L. *health spending/GDP*	-0.103	-1.070 ***	-0.103	0.151	-0.418	-0.563
	(0.230)	(0.323)	(0.230)	(0.398)	(0.315)	(0.498)
(*Reserves/GDP*)×*K controls*	2.304 **	-0.461	2.304 **	0.701 ***	2.166	1.323 ***
	(0.932)	(0.392)	(0.932)	(0.238)	(1.433)	(0.325)
constant	-0.043 ***	-0.018	-0.043 ***	-0.050 ***	0.025	-0.013
	(0.016)	(0.016)	(0.016)	(0.015)	(0.050)	(0.023)
Observations	176	78	176	121	144	88
Number of country	18	11	18	11	18	11

注：部分变量进行了去趋势和加权处理。

第五节　结论

第一，本章通过选取 49 个国家，将其划分为发达国家和发展中国家两组，对两组样本 1986~2015 年全时间段进行回归，发现大部分结构性、周期性、政策性变量是发达国家或发展中国家经常账户相对规模变动的驱动因素，且周期性变量对发达国家的驱动作用强于发展中国家，所有变量的符号符合经济学解释或以往经验研究结论。分时间段回归结果显示：2008~2015 年，危机后发达国家经常账户失衡的调整主要由结构性变量决定，但考虑到发达国家多为经常账户逆差国，此轮结构性变量触发了发达国家经常账户的消极调整；发展中国家经常账户失衡的调整主要由周期性变量导致，且触发了经常账户的被动改善。

第二，选取 G20 国家为样本，针对该样本的全时间段回归结果显示，绝大多数结构性、政策性变量是 G20 国家经常账户相对规模变动的驱动因素，反映资本市场状况的周期性因素在 G20 国家中影响不显著。针对 G20 国家的分阶段回归结果显示：2008~2015 年，人口结构的变化触发了发达国家经常账户的消极调整，而发展中国家此轮经常账户失衡的改善主要与周期性因素有关。

第三，其他子样本的回归结果显示，周期性变量决定了金砖五国和 G7 国家危机后（2008~2015 年）经常账户失衡的调整，欧元区国家经常账户失衡的调整主要由结构性变量决定，而亚洲发展中国家危机后经常账户失衡的改善是由于部分结构性变量发挥了积极的作用。

第四，人均产出占 GDP 比重、生存风险、国际资本市场状况和大宗商品贸易条件四个变量表现出显著的阶段特征，即对经常账户的促进或抑制作用与传统理论或经验不符，这可能与国家间经济发展状况的差异、人口抚养比例对储蓄率的复合效应、资本管制下资本流向改变、国家间贸易结构的异质性等因素有关。

　　第五，全样本实证结果验证了危机后全球经常账户失衡流量上的调整以及各经济体在调整中分化的特征事实，同时也表明，危机后大多数发达国家和发展中国家均未做出有利于经常账户再平衡的结构性调整。

第四章　全球失衡调整的可持续性

——基于存量与流量框架的分析[*]

在本章中，笔者将依据存量调整的简明分析框架，揭示 2008 年金融危机后全球失衡调整的深层原因，并分析全球失衡是否真正缓解、危机后的全球失衡调整是否具有可持续性。

第一节　存量与流量调整分析框架

参照 Gourinchas 和 Rey（2007）及 Alberola 等（2018）的研究，笔者建立了如下分析存流量调整的框架。

首先，建立净国外资产的期末期初变化与流量调整之间的关系式：

$$NFA_t - NFA_{t-1} = FA_t + VAL_t + EO_t \tag{1}$$

将式（1）左右除以 t 时期的名义 GDP，得到：

$$nfa_t - nfa_{t-1} = -\frac{g_t}{1+g_t}nfa_{t-1} + fa_t + val_t + eo_t \tag{2}$$

---

[*] 本章英文版曾发表于 *China & World Economy* 2019 年第 6 期，合作者为张明。

根据式（1）、式（2），一国 *NFA* 存量调整可分解为经常账户与资本项目①调整 *FA*、估值效应 *VAL* 及误差与遗漏项 *EO*，就净国外资产相对规模调整而言，可继续分解为 *NFA* 的经济增长效应、经常账户与资本项目变动的流量效应、估值效应的变动及误差与遗漏项的扰动。

其中，经济增长效应即经济增长率与上一期净国外资产相对规模比值，经常账户与资本账户的流量调整等于经常账户与资本项目两者余额与当期 GDP 之比，估值效应等于国外资产存量与金融账户流出之差或国外负债存量与金融账户流入之差，剩余部分为误差与遗漏项。

第二节　2008年全球金融危机后各经济体存量调整的原因及可持续性

根据存量调整的作用渠道，将其分解为净国外资产的增长效应、经常账户与资本账户变动的流量效应、汇率与国外资产价格波动引起的估值效应及误差与遗漏项四部分。本节选择全球 48 个主要经济体为样本，由于样本国家国情相差较大，可将其划分为发达债务国、发达债权国、发展中债务国与发展中债权国四个类别（见表 4-1）。②

---

① 资本项目是指国际收支平衡表（BPM6）中的资本项目子项（一般金额较小）。
② 发达债务国具体包括：美国、英国、奥地利、丹麦、法国、意大利、瑞士、荷兰、瑞典、加拿大、芬兰、希腊、爱尔兰、葡萄牙、西班牙、澳大利亚与新西兰；发达债权国具体包括比利时、德国、挪威、日本与以色列；发展中债务国具体包括土耳其、南非、巴西、智利、哥伦比亚、哥斯达黎加、危地马拉、墨西哥、秘鲁、埃及、斯里兰卡、印度、印度尼西亚、韩国、巴基斯坦、菲律宾、泰国、摩洛哥、突尼斯、捷克、匈牙利、波兰与马来西亚；发展中债权国具体包括中国、阿根廷与俄罗斯。

表 4-1 危机前后各国存量调整分解

单位：%

类别	危机前占比（1998~2007 年）				危机后占比（2008~2017 年）			
	增长 效应	流量 效应	估值 效应	误差与 遗漏项	增长 效应	流量 效应	估值 效应	误差与 遗漏项
发达债权国	6.13	58.09	8.70	27.07	10.03	66.99	16.33	6.65
发达债务国	22.02	20.90	40.20	16.87	22.23	3.27	37.75	36.74
发展中债权国	6.06	53.02	25.86	15.06	17.38	57.74	4.39	20.48
发展中债务国	32.29	7.20	35.85	24.65	36.57	47.33	11.71	4.37

资料来源：根据 CEIC 数据计算。

通过对比 2008 年金融危机前后各经济体存量调整的决定因素，本书发现流量调整与经济体存量调整并不相等反而差距较大，对于债务国而言更是如此。一般而言，增长效应与流量效应相对较为稳定，可以由国家自身结构性调整实现；估值效应、误差与遗漏项则为不确定性因素，若占比较大、比例上升则说明失衡调整具有不确定性，难以持续。根据表 4-1 的结果，本书发现以下几点。

第一，对于发达债权国而言，危机后增长效应与流量效应占比之和较危机前提升了 12.8 个百分点，这说明危机后发达债权国收支调整的不确定性因素占比降低，危机后失衡的调整更加稳健。同时，危机后发达国家的估值效应较之前明显提升，这表明金融调整渠道在此类国家中扮演的角色更加突出。

第二，对于发达债务国而言，危机前增长效应与流量效应仅占存量调整的 42.92%，这可能表明发达债务国的存量失衡并非结构性原因引发，而更多由其他因素导致。危机后估值效应及误差与遗漏项的总占比小幅提升，同时估值效应是存量调整的最大贡献因素。这说明发达债务国存量调整是不稳定的，也是不可持续的。

第三，对于发展中债权国而言，流量效应是存量调整的最大贡献因素。危机后，增长效应占比显著提升而相对不稳定的估值效应占比则显著下降，同时结构性调整因素较危机前有明显改善。以上表明，发展中债权国发生了有利于失衡改善的可持续调整。

第四，对于发展中债务国而言，危机前其流量效应仅占存量调整的 7.20%，而危机后升至 47.33%；增长效应占比有所提升而估值效应占比显著下降；危机后结构性因素在存量调整中的占比显著提升。以上意味着发展中债务国危机后存量失衡调整更加稳定且可持续。

通过比较不同国家的估值效应（见图 4-1），不难发现债务国的估值效应远大于债权国，这同样与债务国多集中于发达国家、经常账户的金融渠道调整占比较高有关。对于发达国家与发展中债务国而言，2008 年全球金融危机后存在正向的估值效应，即估值效应有利于其国外净资产的增加与国民财富的积累；对于发展中债权国而言，危机后负向的估值效应进一步加剧，即估值效应不利于净国外资产的增加与国民财富的积累。不难看出，估值效应在国家间呈现显著的异质性，对于发达债务国与发展中债务国而言，正向估值效应有利于净国外资产的进一步积累，以及化解债务、纠正存量失衡；对于发展中债权国而言，负向估值效应进一步降低了净国外资产增加的速度，促进全球存量失衡的缓解，但一定程度上加剧了国家财富的流失；对于发达债权国而言，正向估值效应将进一步增加其净国外资产存量，不利于全球存量失衡的缓解。

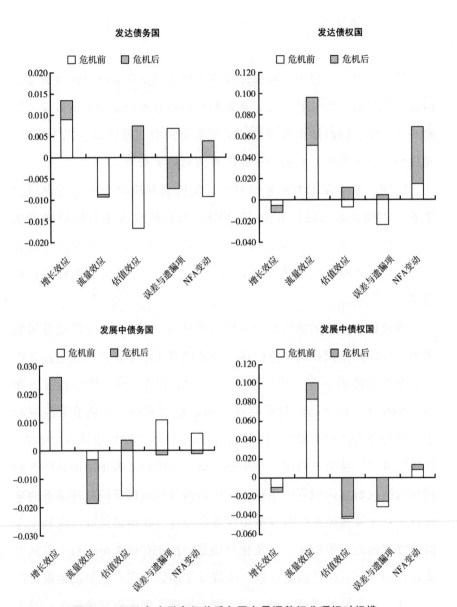

图4-1 2008年金融危机前后各国存量调整细分项相对规模

注：纵坐标代表各类变动与GDP的比值。

资料来源：根据CEIC数据计算。

第三节　存量调整细分项解释危机后典型国家失衡的演进

依据本章第二节梳理的全球失衡调整的特征事实，笔者试图用存量调整细分项的变动解释典型国家国际收支的变迁。

一　失衡期间（1998~2007年）经常账户盈余、净国外资产下降

根据本章第二节得出的典型特征事实，俄罗斯、韩国、法国与荷兰经常账户呈现盈余，但净国外资产存量却为负值。比较危机前四国存量调整的细分项（见表4-2），发现负向的估值效应在四国存量调整中发挥着重要作用，也即估值效应显著降低了四国净国外资产存量。对于俄罗斯而言，估值效应占其存量调整的四成左右，致使存量调整严重偏离了传统贸易流量的决定。

表 4-2　代表性盈余债务国存量失衡

国家	Δnfa_gdp	增长效应	流量效应	估值效应	误差与遗漏项
俄罗斯	−0.0155	−0.0014	0.0863	−0.0718	−0.0285
韩国	−0.0051	0.0063	0.0261	−0.0394	0.0017
法国	0.0171	0.0024	0.0217	−0.0108	0.0029
荷兰	−0.0171	0.0018	−0.0003	−0.0135	−0.0050

注：结果保留至小数点后四位。
资料来源：根据 CEIC 数据计算。

二　危机后（2008~2017年）源于估值效应的失衡缓解与失衡加剧

俄罗斯与荷兰在危机后失衡显著缓解，俄罗斯负向估值效应相对规模由危机前的 0.07 下降至 0.01，在存量失衡调整中的贡献率也由

40%下降至 20% 左右；无独有偶，荷兰的估值效应由负转正，危机后估值效应有利于净国外资产的积累，并且规模也显著下降。上述源于估值效应的方向变化解释了两国失衡的缓解。

美国与英国作为举足轻重的发达国家，其危机后失衡显著恶化。首先，美国在危机后出现更大规模的负向估值效应，其贡献度占据存量调整的 1/3。由于外债多以美元本币计价，此番变动背后的原因更多与资产价格震荡相关，其净国外资产存量显著恶化、债务高企。英国经常账户与资本项目流量调整在存量调整中占比较大，并且逆差占比增加以至于加剧了整体存量失衡。

三 危机后（2008~2017年）顺差/逆差国、债权/债务国的跨象限转型

危机后，一些国家国际收支发生跨象限①维度的调整，其中，阿根廷、芬兰与比利时在危机后转型成为逆差债权国，而匈牙利与爱尔兰等个别国家转型成为顺差高债务国。

对比阿根廷、芬兰与比利时的国际收支调整，不难发现危机后三国均存在显著的正向估值效应。尤其是芬兰，估值效应是其存量调整的最大贡献因素，导致其转型为债权国。而阿根廷、比利时的正向估值效应也占相当比例，较危机前大幅提升。但是值得注意的是，三国的净国外资产增长效应均为负，这种依靠估值效应实现的国际收支改善并不可持续。

匈牙利由逆差债务国转为顺差债务国，其流量调整在危机后扮演了重要角色，除误差与遗漏项外，增长效应与估值效应也均为正。由

---

① 根据前文特征事实部分的象限图，横纵坐标表示经常账户相对规模与净国外资产相对规模。

于匈牙利本身经常账户赤字过于严重，整体并不足以扭转其长期的高债务，但是收支调整较危机前沿着更优路径转化，具有良好的演进前景。欧债危机造成债务货币与期限错配，因此爱尔兰负向估值效应为 -0.18，显著加剧了其外部失衡。

不难看出，部分国家虽然发生了跨象限有利于失衡的改善，但是由于相对不稳定的估值效应，实则不可持续；有些国家虽然发生了跨象限收支的恶化，但也是由于估值效应的不确定性，未来有可能依靠解决债务错配问题扭转国际收支的不利调整。

第四节　结论

迄今为止，尽管对 2008 年全球金融危机后全球失衡是否改善仍存在广泛的争议，即存量与流量之争，但对于将全球失衡调整定义为流量与存量失衡的双重改善大抵并无异议。从四象限图看，即原先远离原点、现在位置向原点区域显著靠近的国家实现了失衡的调整。然而，实现多大程度调整才算得上国际收支显著改善？外部失衡的界限是什么？对此学界并没有共识。依据国外著名学者及国际组织的建议，当经常账户相对规模超出 4%，即可判定为经常账户失衡（流量失衡）；尽管各国最优债务比例存在异质性，但当净国外负债占比绝对值持续超出 60%，即可判定为存量失衡。笔者将上述流量失衡与存量失衡界限的交集定义为全球失衡最广义的判定标准。

依照上述标准，危机前全球主要失衡国包括：美国、荷兰、挪威、瑞典、瑞士、芬兰、希腊、葡萄牙、西班牙、澳大利亚、新西兰、哥斯达黎加、危地马拉、印度尼西亚、马来西亚、泰国、俄罗斯、中国、匈牙利与波兰。

危机后，部分失衡国发生了基于流量与存量的双重调整，例如瑞典、瑞士、芬兰、澳大利亚、新西兰、危地马拉、印度尼西亚、马来西亚、泰国、中国与俄罗斯。一些国家仅发生了流量调整而存量恶化，例如，美国、葡萄牙、西班牙、匈牙利与波兰。此外，还有一些国家本来不存在失衡，但危机后落入失衡范围内，例如除葡萄牙、西班牙外的其他欧债国家。

对于失衡明显改善的国家，其中可能存在的共性有以下几点。第一，发生失衡调整的国家受全球金融危机和欧债危机影响不大，没有经历跨境资金的大范围流出入；第二，发生失衡调整的国家历史上半数经历过债务危机，吸取了大量化解高债务的经验；第三，发生失衡调整的大多数国家建立了宏观审慎监管框架。

此外不难发现，从样本国家来看，11国发生了失衡存量与流量上的双重改善，5国仅发生了经常账户流量的调整，而原本处于国际收支平衡的10国在危机后转为失衡。从流量和存量的二维视角分析，危机后全球失衡在一定范围内得到缓解，但大部分国家并未实现流量与存量的再平衡；在发生双重改善的国家中，只有发展中债权国此轮调整相对可持续。因此，从存流量分析框架来看，危机后全球失衡的调整似乎并不具有可持续性。

下篇 | 全球失衡调整的可持续性：中国案例

第五章　中国经常账户演进的原因、趋势与应对[*]

中国政府于 1996 年正式实现国际收支经常账户可兑换，此后，除去亚洲金融危机期间资本账户出现短暂逆差外，中国在较长时间内延续了经常账户与资本账户双顺差的收支格局。2001 年中国加入世贸组织后，以"中国制造"为代表的商品贸易迅速扩张，中国的经常账户盈余更是一路飙升，从 354 亿美元（2002 年）扩大至 4206 亿美元（2008 年），绝对值规模增加了 10 倍多；同时，经常账户顺差的扩增引起了学界对中国国际收支失衡问题的广泛关注。2008 年全球金融危机爆发后，外部需求显著削减，直接对各国的商品和服务贸易规模造成负面冲击。然而，中国的经常账户失衡情况却出现了显著改善，2008～2017 年，中国经常账户顺差阶段式递减。2018 年第一季度的经常账户更是时隔 17 年首度出现逆差，第二季度的经常账户顺差仅为 58 亿美元，与同期相比大幅缩减，这是否意味着中国经常账户调整已常态化，经常账户与资本账户双顺差的格局即将成为历史？

通常而言，一国国际收支状况是国内经济的外部镜像。中国经常

---

[*] 本章内容曾发表于《国际贸易》2019 年第 9 期，合作者为张明、兰瑞轩。

账户与资本账户呈现 10 多年双顺差格局的直接后果是积累了数量可观的外汇储备，这无疑成为中国政府应对外部风险的重要减震器之一。当前，在全球经济逐步复苏的背景下，中国面临的外部环境充满不确定性：发达经济体和新兴经济体的经济增速分化，美欧延续宽松的货币政策，中美贸易摩擦不断，中国对外部门面临严峻挑战。与此同时，中国政府正在逐步推进供给侧结构性改革与金融体系市场化改革，打响防范系统性金融风险的攻坚战，为此，实现国际收支相对平衡对国内经济改革的顺利进行至关重要。

危机后中国经常账户调整呈现怎样的特征？经常账户调整的背后原因是什么？在中美贸易摩擦的背景下，中国经常账户的走向如何？本章试图在梳理相关文献的基础上，厘清中国经常账户调整的特征，揭示经常账户调整的背后原因，并展望中国经常账户的前景。

第一节　中国经常账户调整的主要特征

如果将经常账户余额/GDP 的绝对值超过 4% 作为经常账户失衡的度量标准，那么 2008 年全球金融危机发生后中国经常账户调整出现脱离失衡、实现再平衡的情况，具体呈现以下特征。

一　中国经常账户顺差规模显著缩小

全球金融危机爆发后，中国经常账户持续维持顺差状态，但顺差规模呈现阶段式显著下降趋势。从绝对规模看，2008～2017 年，经常账户顺差减少了 2557 亿美元，缩水了 60.79%；经常账户顺差年度平均值为 2308 亿美元，其中 2008 年经常账户顺差为这十年的峰值，达到 4206 亿美元，而 2011 年经常账户顺差仅为 1361 亿美元，为这十年的最低点，相差 2845 亿美元（见图 5-1）。

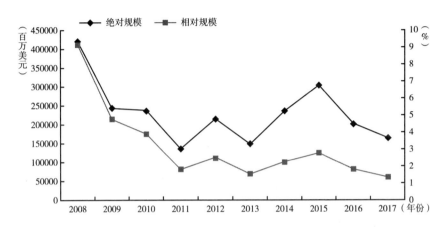

图 5-1　2008～2017 年中国经常账户顺差绝对规模与相对规模

注：绝对规模为经常账户余额的绝对值，相对规模用经常账户余额/GDP 衡量。
资料来源：CEIC，笔者计算。

2008～2017 年，经常账户顺差相对规模的下降趋势更加明显。经常账户余额/GDP 的平均值为 3.18%，特别是自 2011 年（1.8%）起，经常账户顺差相对规模均保持在 3% 以下。其从 2008 年最高点的 9.15% 调整至 2017 年最低点的 1.35%，经常账户顺差相对规模降幅达到 7.80 个百分点。可以看出中国已脱离了经常账户失衡，实现了经常账户相对平衡。

二　中国经常账户内部结构有所调整

《国际收支和国际投资头寸手册（第六版）》（BPM6）将经常账户划分为商品、服务、初级收入和二次收入四个细分项。中国经常账户中初次收入与二次收入的规模相对较小，因此商品与服务细

分项往往成为决定经常账户规模的关键。中国经常账户内部结构的
调整主要表现为商品贸易顺差的波动下降与服务贸易逆差的持续
上升。

就商品项而言，2008~2017 年，中国商品项持续保持顺差，平均
规模为 3725 亿美元，2015~2017 年，商品项的顺差规模迅速下降，
由 2015 年的 5762 亿美元降至 2017 年的 4761 亿美元（见图 5-2）。
2018 年上半年，中国经常账户出现 283 亿美元的逆差，其中货物贸
易顺差仅为 1559 亿美元，与 2017 年同期相比大幅缩减。

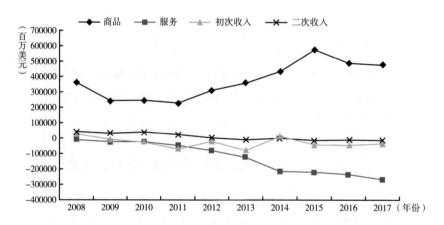

图 5-2　2008~2017 年中国经常账户各细分项的顺差规模

资料来源：CEIC。

与此同时，中国服务项的逆差规模在 2008~2017 年呈现扩大的
趋势。尤其是在 2010~2014 年，逆差由 234 亿美元飙升至 2137 亿美
元，年均涨幅达 73.84%。2008~2017 年服务项的逆差规模的平均值
为 1239 亿美元，2017 年的逆差规模达 2654 亿美元，相比 2008 年的
111 亿美元扩大了 2543 亿美元，增长约 23 倍。

三 中国经常账户调整的季节效应显著

中国经常账户的调整具有较显著的季节效应。通过对 2008～2017
年各季度经常账户规模进行对比分析（见图 5-3）不难发现，第一季
度的经常账户规模往往低于其他季度，其中仅有 2009 年、2013 年和
2015 年第一季度经常账户规模略大于该年度平均值；在大部分年份，
第四季度的经常账户规模高于其他季度。

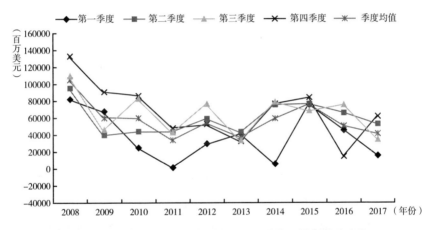

图 5-3　2008～2017 年中国各季度经常账户规模及季度均值

资料来源：CEIC。

第二节　中国经常账户调整的原因

2008 年全球金融危机爆发后，中国经常账户调整已是大势所趋，
那么判断经常账户的走向，就要首先厘清中国经常账户调整的背后原
因。归根到底，如果这些原因更多是结构性的，那么经常账户在此后
会继续沿此方向调整；如果这些原因更多是周期性的或由短期政策面

决定，那么经常账户的走向将表现出极大的不确定性。笔者认为，中国经常账户调整可能基于以下原因。

一　进出口结构视角的解释

从国际收支平衡表（Balance of Payments，BOP）来看，商品项和服务项是主导中国经常账户变化的主要因素。我们从进口与出口两个视角探析中国经常账户调整的原因，认为商品项顺差规模的变化是由进口与出口的交互作用导致的，而服务项顺差规模的变化则主要由进口主导。

2008 年全球金融危机爆发后，商品项顺差规模以 2011 年、2015 年为节点，经历了缩小、扩大、缩小三个阶段，而背后的驱动因素不尽相同。第一阶段（2009～2011 年），商品进出口规模均有所扩大，但由于中国"四万亿元"财政刺激计划的大规模实施，商品贸易顺差规模的缩小主要由激增的商品进口所驱动；第二阶段（2011～2015 年），由于危机后全球经济有所回暖，此阶段商品项的顺差规模的扩大则归因于出口增速显著快于进口增速，由外部需求拉动所致；第三阶段（2015～2017 年），在中国商品进出口规模小幅增长的背景下，由于消费结构的转型升级，内需的显著扩张，中国进口规模增长显然更为强劲，直接导致商品项顺差规模显著缩小。2016～2017 年，进口同比增速更快（见图 5-4）。

服务项逆差规模的持续扩大是危机后中国经常账户调整的另一重要原因，特别是 2011 年后这一趋势演变得愈发明显（见图 5-5）。从出口情况来看，尽管 2011 年规模有所提升，但此后一直维持在 2000 亿美元左右，波动较小，上升动力不足。从进口情况来看，尽管危机期间（2008～2010 年）规模由 1564 亿美元下降至 1409 亿美元，但之

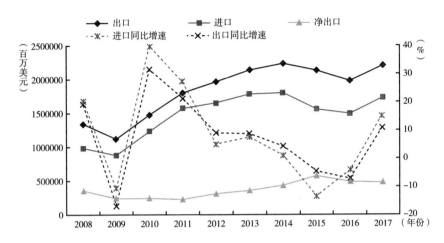

图 5-4　2008~2017 年中国商品项的进出口规模及同比增速

资料来源：CEIC，笔者计算。

后迅速复苏，尤其在 2011~2014 年，规模增速迅猛，上涨至 4329 亿
美元。此后，增速有所下滑，但规模仍保持稳健增长，例如，2017
年，规模达到 4719 亿美元。

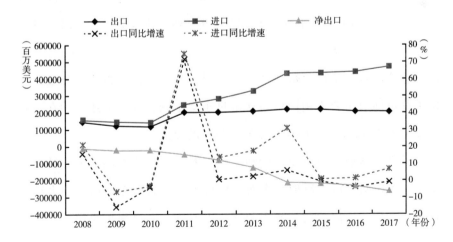

图 5-5　2008~2017 年中国服务项的进出口规模及同比增速

资料来源：CEIC，笔者计算。

二 主要贸易伙伴动态变化的解释

中国经常账户调整同样表现在主要贸易伙伴的动态变化上。美国、欧盟、东盟、日本、中国香港是当前中国内地出口的前五大贸易伙伴，也是当前中国内地最主要的贸易伙伴。[①]

2008~2017年，中国内地对欧盟的出口商品金额占比由20.50%下降至16.42%，而从欧盟的进口商品金额占比由11.74%上升至13.31%，虽然中国内地对欧盟仍保持贸易顺差，盈余绝对规模变动不大，但是相对规模有所下降；中国内地对美国的出口商品金额占比由17.66%上升至18.99%，而进口商品金额占比由7.20%上升至8.42%，中国内地对美国的贸易顺差是持续增加的，这反映出2008~2017年中美贸易往来日益密切；由于中国-东盟自贸区的建立，东盟与中国的贸易关系迅速升温，中国内地对东盟的商品金额出口占比由7.99%增至12.40%，对东盟的进口商品金额占比由10.34%升至12.82%；与此同时，中国内地对日本的出口、进口商品金额占比分别由8.13%、13.32%下降至6.03%、9.00%（见表5-1）。以上分析表明，2008~2017年，中国内地与美国、东盟的贸易依存度愈发紧密。总体而言，中国与贸易伙伴的进出口规模占比变得愈加分散，矫正了危机前对主要失衡国贸易往来过于集中的状况，上述变动在一定程度上解释了危机后中国经常账户调整的原因。

另外，从商品贸易差额的绝对值来看，在排除香港地区的转口贸易后，中国对美国、欧盟、东盟、印度保持贸易顺差，而中国大陆对日本、韩国、中国台湾、澳大利亚、巴西等一直呈现贸易逆差。尤其

[①] 《中国对外贸易形势报告（2018年春季）》，中华人民共和国商务部网站，http://zhs.mofcom.gov.cn/article/cbw/201805/20180502740111.shtml。

是 2015～2017 年，除对美国、印度的顺差规模小幅扩大外，中国对欧盟、东盟的顺差规模显著缩小，同时中国大陆对日本、韩国、中国台湾、澳大利亚、巴西的贸易赤字在持续扩大。

表 5-1　2008～2017 年中国内地对主要贸易伙伴进出口商品金额占比

单位：%

年份	欧盟		美国		东盟		日本		中国香港	
	出口	进口	出口	进口	出口	进口	出口	进口	出口	进口
2008	20.50	11.74	17.66	7.20	7.99	10.34	8.13	13.32	13.35	1.14
2009	19.66	12.74	18.38	7.72	8.85	10.59	8.16	13.04	13.83	0.87
2010	19.72	12.09	17.95	7.32	8.76	11.08	7.68	12.68	13.84	0.88
2011	18.75	12.13	17.09	7.01	8.96	11.06	7.82	11.18	14.11	0.89
2012	16.30	11.69	17.17	7.31	9.97	10.78	7.40	9.79	15.79	0.99
2013	15.30	11.29	16.67	7.83	11.04	10.23	6.80	8.33	17.41	0.83
2014	15.83	12.45	16.91	8.11	11.60	10.62	6.39	8.31	15.50	0.66
2015	15.61	12.46	17.97	8.91	12.22	11.19	5.96	8.51	14.66	0.76
2016	16.07	13.11	18.21	8.50	12.37	12.33	6.07	9.16	13.76	1.07
2017	16.42	13.31	18.99	8.42	12.40	12.82	6.03	9.00	12.37	0.41

　　注：东盟，即东南亚国家联盟，包括文莱、缅甸、柬埔寨、印度尼西亚、老挝、马来西亚、菲律宾、新加坡、泰国、越南十国。

　　资料来源：CEIC，笔者计算。

三　行业层面的解释

　　按照国际贸易标准分类（SITC），国际贸易商品分为初级产品和工业制品两大类，其中初级产品包括食物及活动物、矿物燃料与润滑油及有关原料、非食用原料（燃料除外）、饮料及烟类、动植物油及油脂和蜡，工业制品包括机械及运输设备、按原料分类的制成品、化学成品及有关产品、杂项制品、未分类的商品。从大类来看，初级产品贸易一直处于逆差状态，而工业制品贸易则保持顺差状态（见图5-6）。其中，初级产品进口规模弹性较大，出口规模弹性较小，其逆差波动主要源于进口。

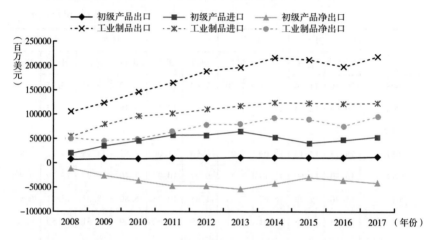

图5-6 2008~2017年中国初级产品与工业制品出口、进口、净出口规模

资料来源：CEIC。

2008~2017年，工业制品进出口规模波动不大。从商品细分门类来看，机械及运输设备出口占比保持在45%以上，进口占比稳定在35%以上，是进出口商品的第一大门类（见表5-2）。出口方面，杂项制品和按原料分类的制成品分别为第二、三大出口商品；进口方面，非食用原料（燃料除外）、矿物燃料与润滑油及有关原料为第二、三大进口商品。总体来说，一方面，各项商品进出口占比波动较小，商品结构较为稳定；另一方面，2015~2017年，顺差项规模大多持平或有所缩减，而逆差项中非食用原料（燃料除外）、矿物燃料与润滑油及有关原料的规模有所扩大（见图5-7）。

表 5-2　2008～2017 年中国主要商品进出口占比

单位：%

年份	出口					进口				
	机械及运输设备	杂项制品	按原料分类的制成品	化学成品及有关产品	食物及活动物	机械及运输设备	非食用原料（燃料除外）	矿物燃料与润滑油及有关原料	化学成品及有关产品	按原料分类的制成品
2008	47.14	23.42	18.33	5.55	2.29	39.08	14.67	14.90	10.53	9.47
2009	49.12	24.94	15.38	5.17	2.71	40.67	13.94	12.27	11.17	10.72
2010	49.45	23.93	15.79	5.55	2.61	39.44	15.10	13.51	10.74	9.40
2011	47.50	24.20	16.84	6.05	2.66	36.22	16.37	15.70	10.40	8.63
2012	47.08	26.14	16.26	5.55	2.54	35.94	14.84	17.14	9.87	8.03
2013	47.03	26.30	16.32	5.41	2.52	36.42	14.67	16.13	9.77	7.62
2014	45.71	26.56	17.09	5.75	2.51	36.95	13.83	16.12	9.88	8.80
2015	46.70	25.80	17.17	5.68	2.55	40.92	12.58	11.80	10.20	7.96
2016	46.51	25.55	16.94	5.80	2.86	41.59	12.64	10.99	10.32	7.69
2017	47.56	24.35	16.39	6.22	2.77	39.94	14.09	13.35	10.52	7.38

资料来源：CEIC，笔者计算。

从服务①出口结构来看，2008～2017 年，其他商业服务，电信、计算机和信息服务占比有所上升，加工服务、运输、旅行占比均明显下滑（见表 5-3）。然而，结构的调整对出口规模影响不大，2011～2017 年，服务出口规模维持在 2000 亿美元左右。

① 国家外汇管理局统计的服务科目包括：加工服务，维护和维修服务，运输，旅行，建设，保险和养老金服务，金融服务，知识产权使用费，电信、计算机和信息服务，其他商业服务，个人、文化和娱乐服务，别处未提及的政府服务。

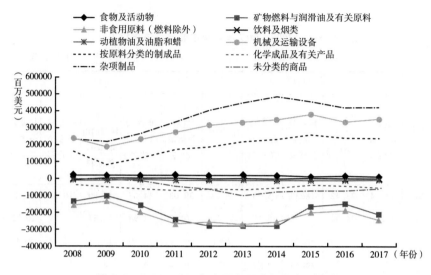

图 5-7　2008～2017 年中国各项商品净出口规模

资料来源：CEIC，笔者计算。

表 5-3　2008～2017 年中国服务主要子项进出口占比

单位：%

年份	出口					进口				
	其他商业服务	运输	旅行	电信、计算机和信息服务	加工服务	旅行	运输	其他商业服务	知识产权使用费	电信、计算机和信息服务
2008	14.61	26.43	28.10	5.38	16.06	23.12	32.18	23.05	6.60	2.99
2009	13.99	19.23	32.37	6.29	17.59	29.94	31.90	14.52	7.58	3.04
2010	-15.01	29.11	38.98	8.91	21.45	38.94	44.88	-12.88	9.25	2.91
2011	28.04	17.69	24.11	6.92	13.20	29.29	32.46	19.85	5.93	2.03
2012	25.31	19.30	24.82	8.06	12.77	36.25	30.52	15.06	6.31	1.95
2013	27.65	18.19	24.96	8.26	11.23	38.89	28.53	14.31	6.36	2.31
2014	31.44	17.45	20.10	9.21	9.77	52.52	22.21	9.41	5.22	2.48
2015	26.86	17.75	20.68	11.29	9.40	57.34	19.59	9.08	5.05	2.62
2016	27.81	16.23	21.32	12.20	8.90	56.64	18.25	9.79	5.43	2.88
2017	28.40	18.04	15.80	13.07	8.77	54.62	19.77	9.02	6.07	4.09

资料来源：CEIC，笔者计算。

相比服务出口结构的调整，服务进口结构的变化更加剧烈，主要表现为旅行服务进口规模的显著增长及占比的飞速攀升。2008年，旅行进口规模为437亿美元，而到2017年已达2577亿美元，增长近5倍，在年度进口总额中的占比由23.12%上升至54.62%。2008~2017年，运输服务进口规模由503亿美元上升至933亿美元，由于旅行服务规模增长[①]过于迅猛，相比之下，虽然运输服务的绝对规模有所扩大，但占比由32.18%下降至19.77%。

2017年，净出口规模后五位分别为：旅行（-2251亿美元），运输（-561亿美元），知识产权使用费（-239亿美元），保险和养老金服务（-84亿美元），个人、文化和娱乐服务（-20亿美元）（见图5-8）。旅行项的逆差规模远大于其他服务项，因此，其成为主导服务项规模变动的重要因素，具体地说，服务进口结构的调整更为显著，旅行的进口量激增是服务逆差规模持续扩大的最主要原因。

四　周期性因素的解释

由于商品和服务贸易反映了消费需求的相对变化，因此具有较强的周期性。一方面，中国经常账户的调整，尤其是商品贸易顺差的调整具有显著的顺周期性，危机爆发期间顺差规模缩小，经济复苏阶段顺差规模扩大，经济运行放缓阶段顺差规模缩小；另一方面，季节效应主导了中国经常账户的调整。例如，从商品项的季度数据看，除2009年外，2008~2017年第一季度的商品顺差均大幅低于其他季度。这一现象可能与中国第一季度节假日多、气候相对恶劣有关。2018

---

① 虽然结汇业务被统计在旅行项中，但旅行项的规模提升更多还是由真实需求推动。

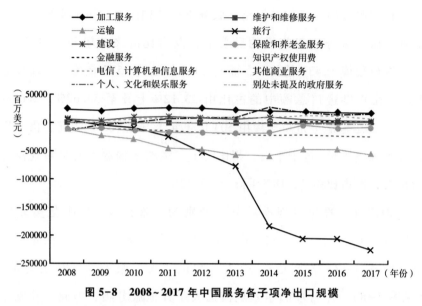

图 5-8　2008~2017 年中国服务各子项净出口规模

资料来源：CEIC，笔者计算。

年第一季度出现的经常账户逆差可能是对顺周期与季节效应叠加的反映。2008~2017 年中国各季度商品与服务绝对规模见图 5-9。

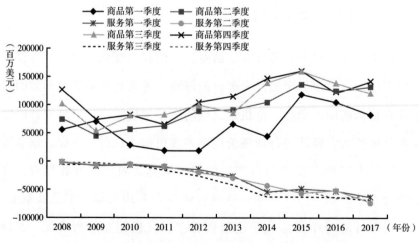

图 5-9　2008~2017 年中国各季度商品与服务绝对规模

资料来源：CEIC。

相比商品项,服务项的顺周期性和季节效应均较弱。首先,危机后,服务项的逆差规模持续扩大,并未表现出较强的波动性。其次,2011~2015 年,第三季度的服务逆差均大于其他季度,但与其他季度的差额保持在 200 亿美元以内,季节效应并不明显。考虑到第一季度商品项的顺差规模与其他季度的差额为上千亿美元,因此,在统计经常账户季度数据时,服务项在第三季度微弱的季节效应往往会被商品项所掩盖。

五 影响中国经常账户调整的其他因素

储蓄-投资缺口和实际有效汇率的变动是影响经常账户调整的重要因素。国民收入核算恒等式揭示了一国经常账户规模与其储蓄-投资缺口间的恒等关系。危机后,中国经常账户失衡的相对规模变动与储蓄-投资缺口的变动趋势基本一致。2008~2013 年,中国的储蓄-投资缺口从 8.64 个百分点缩小至 0.75 个百分点,尽管 2014~2015 年储蓄-投资缺口呈现微弱反弹,但 2016 年呈现缩减趋势(见图 5-10)。我们的测算表明,危机后至 2013 年,投资率的上升主导储蓄-投资缺口的缩减,其中,中国政府启动的"四万亿元"财政刺激计划对国内投资率的拉动作用功不可没。而 2016 年缺口的再次缩减则与储蓄率的显著下降密切相关,在此轮调整中,投资率的波动相对平稳,由于受到流动性约束短期变化的影响,居民更易获得信贷支撑而消费,从而透支了当前和未来的储蓄,2017 年以来,中国居民部门杠杆率的快速上升与人口老龄化比例的增加是对这一问题的客观表现。

实际有效汇率的变动是经常账户调整的驱动因素之一。事实上,自 2008 年以来,人民币实际有效汇率一路走高,2008 年 1 月至 2018

年 6 月升值约 37.54%。一方面，人民币实际有效汇率的升值削弱了中国商品出口的国际竞争力，并刺激企业进口海外更廉价的商品，这对中国商品顺差规模的持续扩大形成了巨大的阻力；另一方面，在服务贸易出口停滞不前、服务贸易创新推进缓慢的条件下，人民币实际有效汇率的变动降低了中国居民出国旅游消费的成本，透支了国民的海外购买力，这在一定程度上促进了服务逆差规模的扩大。

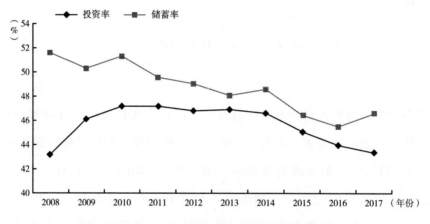

图 5-10　2008~2017 年中国储蓄-投资缺口变动情况

资料来源：世界银行 WDI 数据库，笔者计算。

第三节　中国经常账户走向的前景展望

如前文所述，中国经常账户的变动受多维度因素影响，进出口结构的调整、贸易伙伴间的变化、行业层面的转型升级、周期性因素的扰动、储蓄-投资缺口和实际有效汇率的变动共同驱动经常账户的走向。2018 年，全球经济比以往面临更严重的不确定性，这些不确定性最先通过对外部门对中国经济构成负面冲击：第一，危机后全球经济复苏乏力，长期停滞假说若在现实中得以印证，就将极大削弱出口需求；第二，发达经济体的经济政策与货币政策出现分化，特别是欧美国家，这将对新兴市场国家的跨境资本流动产生显著影响；第三，特朗普政府的经济政策释放出强化孤立主义、反对多边主义的信号，再加上中美贸易摩擦的陡然升级，将对国际贸易准则、全球化构成严重挑战。

对于中国而言，不确定性对中国对外部门的冲击至少包括制约中国的出口与投资、造成中国短期资本外流、人民币面临显著贬值压力及冲击中国高新技术企业等。在中国进行供给侧结构性改革与防范系统性金融风险的背景下，采取措施最大限度减少不确定性带来的负面溢出效应，维持中国经济与金融稳定尤为关键。

目前，对中国经常账户走向演进前景的展望可归结为以下三种情景。

情景 1：中国经常账户仍呈现持续顺差，经常账户与资本账户"双顺差"的格局长时间不会被打破。

情景 2：从某一时点起，中国经常账户持续出现逆差。

情景 3：未来中长期内，在各季度，中国经常账户将出现顺差与赤字交替的局面。

中国经常账户调整主要是商品项与服务项共同作用的结果，展望中国经常账户的演进前景，我们认为，在商品贸易顺差规模增长乏力、服务贸易逆差规模持续扩大的情况下，经常账户顺差规模将逐步缩小，而在各季度逆差的出现将更加频繁，情景 3 将最有可能成为经常账户的走向。

第一，中国商品贸易顺差规模将继续缩减。一方面，中国商品出口增速显著放缓。事实上，自中国加入 WTO 以来，出口规模及其全球占比均在迅速提升后逐渐回落，在 2015 年的占比达到 14.2%的峰值后，2017 年的占比缩减至 13.2%。根本而言，商品出口规模的削减是由一系列结构性因素导致的，例如，人力资本要素价格的大幅提升、人口老龄化加速引致的年轻劳动力的缺失、自然资源稀缺性导致企业生产要素价格的全面上涨、国企及部分僵尸企业"大而不倒"造成的要素资源配置的扭曲化。毫无疑问，这些因素正在导致"中国制造"的比较优势被印尼、越南等新兴经济体的后发优势赶超，近年来，中国加工贸易规模的显著下滑就是出口竞争力下降最直接的体现。另一方面，由于中国消费结构转型升级，中国进口规模迅速扩大，尤其是高科技商品的进口规模显著扩大。再加上下调汽车、日用消费品进口关税等优惠政策的出台，中国三、四线城市的消费潜力迅速释放，中国商品进口规模及份额有望进一步提升。

第二，中国服务贸易逆差规模可能会持续扩大。从细分项来看，运输和旅游仍是服务贸易逆差最主要的贡献者，尤其是旅行主导逆差的规模。随着中国消费结构转型升级，居民收入水平不断提高，出境游人次和规模有望进一步提升。考虑到短期内服务贸易出口没有显著的增长点，同时，随着中国金融业的进一步对外开放，金融服务与知识产权使用费的逆差规模会继续扩大。

第三，中美贸易摩擦会进一步加快经常账户调整，但不应夸大其作用。就货物贸易而言，美国仍是中国最大的贸易伙伴，中国顺差规模的增长主要源于美国。然而，通过对比 2008 年第一季度至2018 年第一季度中国对美国的进出口商品占比数据，我们发现，进口占比并未显著下降，出口占比亦未明显提升（见表 5-4），因此，经常账户变动趋势与中美贸易摩擦的相关性有限。

表 5-4　2008 年第一季度至 2018 年第一季度中国对美国的进出口商品占比

单位：%

时间	出口	进口
2008 年第一季度	17.47	7.64
2009 年第一季度	18.53	9.04
2010 年第一季度	17.23	7.85
2011 年第一季度	16.54	7.88
2012 年第一季度	17.34	7.50
2013 年第一季度	15.64	8.29
2014 年第一季度	16.42	8.84
2015 年第一季度	17.45	9.36
2016 年第一季度	17.59	9.19
2017 年第一季度	18.21	9.22
2018 年第一季度	18.31	8.39

资料来源：CEIC，笔者计算。

第四，周期性因素对中国经常账户调整的推动作用不容小觑。现实中，经常账户调整具有显著的顺周期性，经济增速强劲会推动顺差规模扩大，经济增速下行会促使顺差规模缩减。考虑到中国经济增长进入新常态，增速有所放缓，经济周期可能会推动经常账户规模缩减。

第五，收益项目逆差规模的持续扩大可能会驱动经常账户余额/GDP 下降。危机后，除个别年份外，经常账户收益项目的逆差规模逐年扩大。事实上，自 2010 年起，在大多数年份，中国实际上是经常账户顺差、海外投资收益为负值的债权人，其原因在于中国海外直接投资以长期的债券投资为主，而外国对中国直接投资以股权投资为主，股权投资的收益率显著高于债券投资。同时，欧美等发达经济体在危机后普遍采取量化宽松的货币政策，提高通胀率并促使本币贬值，这直接造成债券规模缩水。未来最悲观的场景是，一旦中美贸易摩擦由经贸领域扩展至投资领域，并在大范围内升级，就可能导致外商直接投资企业大规模撤离中国市场，倘若外资将其留存收益大规模汇回，中国经常账户逆差将常态化。

基于上述理由，不难看出，经常账户规模的缩减已成为趋势，中国经常账户与资本账户"双顺差"的格局可能成为历史。然而，考虑到商品贸易"中国制造"的比较优势并未完全丧失，高铁、人工智能等新领域的优势有所凸显，共建"一带一路"国家具有广阔的消费潜力，经常账户持续存在赤字的局面恐怕很难出现，在各季度，经常账户顺差与逆差的交替可能成为常态。

那么，经常账户规模的缩小、盈余的消失会给中国经济带来哪些潜在影响？中国经常账户调整是对收支失衡的纠偏，还是收支恶化、暗藏风险的表现？有学者认为，根据国民收入核算恒等式，中国经常账户规模的缩小意味着储蓄-投资缺口的缩减，说明中国在积极进行经济结构调整，更多的储蓄被转化为有效投资，经常账户调整表明中国国际收支结构得到改善。然而，这种说法忽略了一个根本的事实：自2014年以来，中国的投资率与储蓄率双双呈下降趋势。在出现经常账户逆差的2018年第一季度、2020年第一季度中，投资率与储蓄率继续下行，且储蓄率下降得更快。因此，中国经常账户规模的进一步缩小恐怕并不是国际收支结构改善的表现，而是投资效率下降、储蓄不足的叠加反映。

在这种情景下，逐年持续的经常账户顺差一旦消失，中国经济的风险就会立刻浮出水面。首当其冲的是中国进出口部门。中国商务部公布的数据显示，2018年上半年，货物与服务贸易净出口规模拉动GDP累计增速约-0.7个百分点，与2017年同期相比下降1.3个百分点。逆差的出现将继续降低进出口对中国经济增长的贡献率，给中国经济带来更大的下行压力。

与此同时，一方面，经常账户盈余的减少和消失意味着人民币贬值压力的上升与中国外汇储备积累速度的全面下降。从中长期来看，经常账户顺逆交替、盈余的缩减会引起人民币实际有效汇率的下降。一旦人民币贬值预期形成，就会导致非储备性质金融账户流向出现逆转，短期资本大范围净流出。根据以往做法，为了维持汇率稳定，央行通常会采取买入本币的方式稳定币值，这无疑会快速消耗中国积累的外汇储备。例如，2014年第二季度至2016年底，为应对资本持续外流的情况，维持人民币汇率相对稳定，央行在两年内消耗外汇储备近1万亿元，特别是在2015年8月11日宣布调整人民币对美元汇率中间价报价机制后，央行主动放弃对人民币兑美元中间价的管理权，2015年12月，外汇储备缩水1079亿美元。[①] 倘若央行为应对贬值压力而重蹈覆辙，外汇储备持续缩水，就会引起对外部门风险显著上升，多年积累的国民财富付诸东流，甚至影响中国金融稳定和可持续增长前景。2018年后，尽管央行的货币政策操作发生重要变化，央行不再以外汇占款的方式发行基础货币，但是经常账户规模的波动性上升仍将对短期政策利率等货币政策操作产生显著影响。

另一方面，如果经常账户逆差通过影响汇率渠道向国内部门进行传导，汇率波动程度的加剧会显著提升国内金融资产的风险溢价程度。在金融开放不断推进的当下，金融资产价格的不确定性会沉重打击外国投资者对中国金融市场的信心，这反过来会增加资本外流压力，加强人民币贬值预期，导致两者的负面作用交互放大。未来，基于储蓄率的显著下降，中国可能会面临新一轮融资约束，融资渠道可能由国

---

① 《官方储备资产（2015年6月-2017年12月）》，国家外汇管理局网站，http：// www.safe.gov.cn/safe/2018/0112/8051.html。

内部门转为对外部门，使中国加强对短期跨境资本的依赖，中国需警惕不规则资本流动带来的潮汐效应及由其引发货币危机的风险。

第四节　结论

2008 年全球金融危机爆发后，中国国际收支格局深度调整，中国经常账户的顺差规模显著缩减，以商品、服务和收益项为代表的经常账户的内部结构有所调整，经常账户的变动表现出明显的季节效应，2018 年第一季度、2020 年第一季度，中国经常账户罕见地出现逆差。

本章从进出口结构的调整、主要贸易伙伴的变动、行业层面的变化、周期性因素的扰动、储蓄-投资缺口和实际有效汇率的变动等多维度视角，对中国经常账户调整的原因进行分析，发现商品贸易顺差规模的缩减，服务贸易逆差规模的扩大，主要贸易伙伴的调整，非食用原料（燃料除外）、矿物燃料与润滑油及有关原料、旅行逆差规模的扩大，经济增速的下行，储蓄-投资缺口的缩减以及人民币实际有效汇率的上升共同推动了经常账户的调整。

未来，中国经常账户的顺差规模将进一步缩减，各季度最有可能呈现顺逆交替的情形，其背后的原因主要是货物贸易比较优势减少、服务贸易出口规模未显著增长、收益项恶化、中美贸易摩擦产生负面冲击以及周期性因素扰动。一旦经常账户盈余消失，就会严重冲击中国进出口部门，为经济增长增添下行压力，同时增加央行稳定汇率、管理外汇储备的难度，对中国金融稳定构成负面挑战。中国政府应未雨绸缪，继续深化经济结构改革、防范化解国内金融风险，以稳定向好的经济基本面应对对外部门的"不确定性"。

第六章　新冠疫情发生后中国国际收支的
变化、影响与展望[*]

　　自 2012 年起，中国国际收支双顺差格局逐渐消失。2015 年以来，中国国际收支保持年度经常账户顺差与非储备性质金融账户逆差的"一顺一逆"局面。新冠疫情发生后，中国国际收支总体维持基本平衡状态，但子项目的波动性在近年来显著上升。中国国际收支的结构性变化值得有关各方高度关注。一方面，这反映了中国经济与全球经济的互动特征，展示了中国经济参与全球化的广度与深度的变化；另一方面，这是内部均衡在外部的"镜像"表现，揭示了中国经济的结构性变迁、转型升级进程与潜在风险。

　　国际收支平衡表系统反映了一国的经济往来状况。分析一国国际收支状况不仅需要依据国际收支平衡的总量定义、关注宽口径的收支状况，还需要重点分析子项目的窄口径变动（姜波克，2001）。对于金融市场较为发达的国家，国际投资头寸表（International Investment Position，IIP）同样值得重视。国际收支平衡表反映了一国国际收支

---

　　*　本章收录于谢伏瞻主编《2022 年中国经济形势分析与预测》，社会科学文献出版社，2021，合作者为张明，标题为《中国国际收支的变化、影响与展望》。

的流量变化，而国际投资头寸表则反映了一国海外资产与负债的存量变动。

本章将回顾新冠疫情发生后，即 2021 年中国国际收支的变化，探讨国际收支变动的原因，分析国际收支变动的潜在影响，并对 1~2 年内中国国际收支的演变进行展望。本章的结构安排如下：第一节回顾新冠疫情发生后中国国际收支的结构性变化，第二节探讨新冠疫情后中国国际收支变动的成因，第三节分析中国国际收支变动的潜在影响，第四节展望新冠疫情后中国国际收支的走向，第五节为结论与政策含义。

第一节　新冠疫情发生后中国国际收支的结构性变化

中国国际收支总体上保持基本平衡格局。2020 年新冠疫情发生后，中国年度经常账户与非储备性质金融账户大致维持"一顺一逆"的状态，外汇储备规模变动不大，中国对外资产与负债头寸小幅递增，但部分子项目的结构性变化值得高度关注。

一　经常账户呈现持续顺差，盈余积累动力有所疲软

2020 年新冠疫情发生后，中国经常账户余额在 2020 年第一季度出现逆差，之后迅速由负值转为正值（见图 6-1）。从 2020 年第二季度起，中国经常账户顺差显著增加，2020 年全年经常账户盈余达到 2740 亿美元，经常账户盈余积累速度超出预期。进入 2021 年，中国经常账户继续呈现持续顺差的走势，第一季度的经常账户盈余为 694 亿美元，经常账户余额/GDP 达到 1.8%，但是，第二季度的经常账户盈余缩减至 533 亿美元，与上年同期相比下降近五成，盈余

积累速度有所放缓。同时，中国海关总署公布的进出口月度数据显示，2021年7月与8月，中国货物贸易差额分别为564亿美元与583亿美元，两月加总值与上年同期基本持平，这与人民币实际有效汇率与年初相比明显下降有关。① 由于货物贸易顺差是中国经常账户余额的主要来源，分析中国经常账户的走向主要依赖探讨货物贸易的结构性变化。

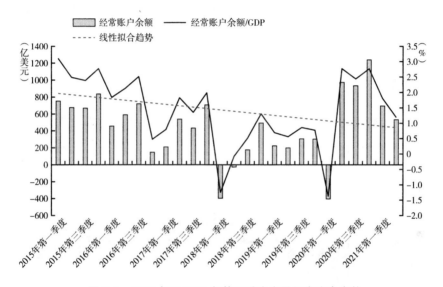

图 6-1　2015 年至 2021 年第二季度中国经常账户走势

资料来源：国家外汇管理局、CEIC。

二　非储备性质金融账户规模在2021年第二季度由负值转为正值，短期资本流动的波动性显著上升

非储备性质金融账户主要由直接投资、证券投资与其他投资三大

---

① 《2021 年统计月报》，中华人民共和国海关总署网站，http：//www．customs.gov.cn/customs/302249/zfxxgk/2799825/302274/302277/3512606/index.html。

项构成。2015 年至 2021 年第二季度，中国非储备性质金融账户季度数据一直呈现顺逆交替、变动不居的特征（见图 6-2）。新冠疫情发生以来，中国非储备性质金融账户出现多个季度净流出的情况，但在2021 年第二季度，非储备性质金融账户规模由负值转为正值，呈现国际收支"双顺差"的局面。结合近年来中国非储备性质金融账户的变动，不难发现，直接投资项在大多数季度呈现净流入的走势，波动性不大；证券投资项呈现围绕零值上下波动、顺逆交替的走势；其他投资项在大多数季度呈现大规模显著净流出的走势，波动性较大，且并无明显的规律性。这意味着，以证券投资项与其他投资项为代表的短期资本流动是中国非储备性质金融账户变动的直接原因，而疫情后短期资本流动波动性上升决定了中国非储备性质金融账户的走向。

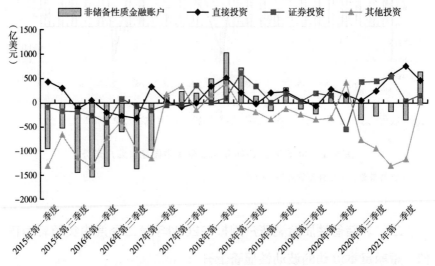

图 6-2　2015 年至 2021 年第二季度中国非储备性质金融账户走势

资料来源：国家外汇管理局。

进入 2021 年以来，第一季度，中国非储备性质金融账户逆差达到 345 亿美元，上年同期为顺差 154 亿美元；但是，第二季度，中国非储备性质金融账户规模则由负值转为正值，顺差增至 633 亿美元，上年同期为-339 亿美元。在直接投资并没有明显增长的情况下，其他投资的迅速转正是中国非储备性质金融账户在第二季度出现净流入的直接原因。由于其他投资项主要刻画了跨境信贷资金的流动情况，变动较为剧烈、频繁。2021 年第三季度，从高频数据来看，北向资金依然维持较大的波动性，且呈现波动中流出规模上升的趋势。[①] 因此，一方面需警惕其他投资项波动性加剧对短期资本流动构成的潜在风险，另一方面需关注其他投资项负债端是否可能发生货币与存款、贷款及贸易信贷净回撤的情况。

三　储备资产余额稳步增加，存流量背离现象依然存在

近年来，以流量衡量的中国储备资产余额呈现稳步增加的走势，2021 年第一季度，中国储备资产净增加 350 亿美元；第二季度，储备资产净增加 500 亿美元，接近同期中国经常账户盈余。但是，包含估值效应[②]的储备资产增加额与用流量表示的储备资产余额呈现一定的背离，尤其是在 2021 年第一季度，国际投资头寸表反映的储备资产净减少 594 亿美元，与国际收支平衡表衡量的储备资产余额呈现高达 944 亿美元的缺口。

事实上，近年来，中国面临庞大的经常账户盈余无法转化为等量的净国外资产存量的难题。如图 6-3 所示，2015 年至 2021 年第二季度，大多数季度的储备资产存流量发生显著背离的情况，这与中国净国外资产存量受估值效应影响较大有关。当前，中国对外资产端以债

---

① 数据来源于 Wind。
② 估值效应是指在对外净资产规模不变的情况下，由汇率变动或资产价格波动引起的对外净资产现值发生重估的现象。

券为主，负债端以股权为主，债券的收益率显著低于股票，由于全球范围内主要发达经济体长期实施量化宽松的货币政策，全球债券收益率长期处于低位，而主要股指震荡明显，这就意味着全球主要资产震荡将对中国海外净资产保值构成不利影响。

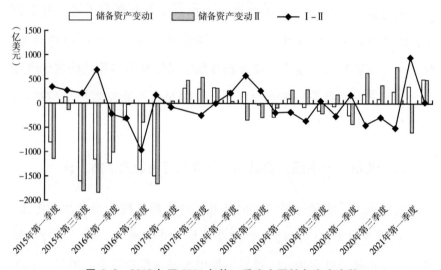

图 6-3 2015 年至 2021 年第二季度中国储备资产走势

注：储备资产变动 I 在数值上为国际收支平衡表（流量）储备资产项的相反数；储备资产变动 II 为国际投资头寸表（存量）相邻两期内储备资产的变动。

资料来源：国家外汇管理局，笔者计算。

四 净误差与遗漏项在2021年第一季度由负值转为正值，之后依然延续大规模净流出的情形

2021 年第一季度，中国净误差与遗漏项一度由负值转为正值，净额为 0.6 亿美元，一度创下近年来新低，但在第二季度再现大规模净流出的情形，净额为 -666 亿美元。实际上，从 2015 年第一季度至 2021 年第二季度，仅有两个季度中国净误差与遗漏项为正值（见图 6-4），在多个季度，净误差与遗漏项的规模一度超过贸易账户与经

常账户、非储备性质金融账户规模的总和。疫情后，净误差与遗漏项净流出规模再次创下新高，这种长期大规模持续的净流出现象仍然值得警惕。

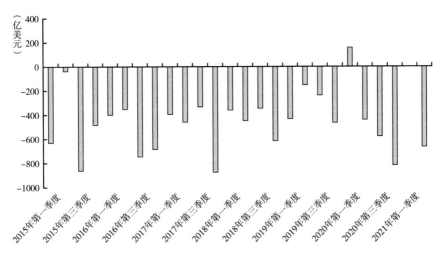

图 6-4　2015 年至 2021 年第二季度中国净误差与遗漏项走势

资料来源：国家外汇管理局。

第二节　新冠疫情后中国国际收支变动的成因

总体而言，分析新冠疫情后此轮中国国际收支变动的成因，即要分析各大项背后子项目的变动情况，剖析驱动此轮国际收支变动的具体因素。

一　货物贸易顺差规模扩大与服务贸易逆差规模收窄决定了此轮经常账户变动

货物贸易出口规模的快速增长与服务贸易逆差规模的收窄是疫情后中国经常账户强劲反弹的主要原因，也决定了 2021 年中国经常账户的走向，而这又与疫情下全球贸易的低基数效应、外需的报复性增长及国际旅行交往受阻密切相关。

首先，中国货物贸易出口的走强是疫情以来中国经常账户盈余增加的主要原因，出口端复苏显著强于进口端。例如，2021 年第一季度，中国货物贸易顺差达到 1187 亿美元，占整个经常账户变动的92%；第二季度，尽管货物贸易在经常账户的占比有所下降，但货物贸易顺差依然高达 1119 亿美元（见图 6-5）。

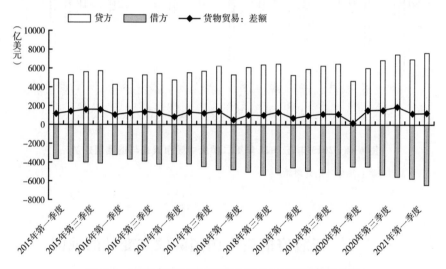

图 6-5　2015 年至 2021 年第二季度中国货物贸易走势

资料来源：国家外汇管理局。

其次，服务贸易逆差规模收窄是中国经常账户顺差规模扩大的另一主要原因。将疫情前后的服务贸易状况进行对比，不难发现，服务贸易逆差规模降低了 41.4%。2020 年第一季度，中国服务贸易逆差为 514 亿美元，但 2021 年第一季度，服务贸易逆差已缩减至 301 亿美元。其中，运输项目与旅行项目逆差的削减几乎决定了中国服务贸易的整体走向（见表 6-1）。

表 6-1　**2020 年第一季度与 2021 年第一季度中国服务贸易状况对比**

单位：亿美元

	2020 年第一季度	2021 年第一季度	差额
服务	−514	−301	213
加工服务	33	32	−1
维护和维修服务	13	11	−2
运输	−117	−81	36
旅行	−439	−242	197
建设	3	5	2
保险和养老金服务	−32	−40	−8
金融服务	3	0	−3
知识产权使用费	−51	−70	−19
电信、计算机和信息服务	6	12	6
其他商业服务	77	86	9
个人、文化和娱乐服务	−5	−3	2

资料来源：国家外汇管理局。

此外，值得注意的是，中国经常账户盈余积累动力似乎有所疲软，原因大致有四。其一，中国出口占全球出口的市场份额已经有所下滑，依据世界贸易组织（WTO）数据，2021 年第一季度，中国出口占全球出口的市场份额为 14.2%，环比回落 1.6 个百分点，[①] 这可能暗示着疫情冲击错位对中国出口企业形成的临时性优势已经开始消逝。其二，2015 年以来，中国经常账户规模不断缩小的趋势难以被动摇，这是因为经济结构改革、人口结构更迭与私人部门储蓄率变动是中国经常账户调整的根本性驱动因素，疫情等冲击难以撼动经常账户走向的结构性趋势。其三，随着新冠疫苗的普及，一旦疫情在全球

---

① Trade and Tariff Data，https：//www.wto.org/english/res_ e/statis_ e/statis_ e.htm。

主要区域得到有效控制，服务贸易逆差可能继续扩大，这将对中国经常账户盈余递增构成较大阻力。其四，疫情后，经常账户初次收入项的逆差也在持续扩大，进入 2021 年以来更是迅速增长，投资收益项逆差是初次收入项变动的主要贡献者。这是由于外商投资收益增加额大于对外投资收益增加额，而前者与同期外商投资期余利润大规模汇回有关，例如，2021 年第一季度数据显示，外商及港澳台商工业企业利润总额汇回较 2020 年同比增长 1.6 倍。①

二 其他投资项的波动决定了非储备性质金融账户变动不居的走势

在中国非储备性质金融账户的子项目中，直接投资项的走势最为稳定。然而，从 2020 年第三季度起，直接投资连续三个季度激增，2021 年第一季度，直接投资顺差高达 757 亿美元（见图 6-6）。尽管 2019 年以来中国政府并未出台较大的外商直接投资利好政策，但是疫情后中国率先复工复产展示出需求链与供应链强大的韧性，再加上中国一度与其他主要经济体的经济增速差迅速拉大，增强了外国投资者对中国经济发展的信心，直接投资递增。然而，2021 年第二季度，直接投资出现回落，在疫情中后期阶段，直接投资额可能趋于平稳甚至下降。

决定疫情后乃至 2021 年中国非储备性质金融账户走向的是短期资本流动。除去净误差与遗漏项，短期资本流动中最重要的两个科目是证券投资项与其他投资项。近年来，中国政府推动金融开放的速度明显加快，2019 年 9 月，中国政府取消了 QFII 与 RQFII 的投资额度，

① 数据来源：国家统计局。

流入端的管制放松程度明显提升，直接使 2020 年第二季度以来证券投资项逐季净流入，也使 2020 年第三、四季度人民币兑美元汇率显著升值。事实上，与北上资金在 A 股市场频繁进出不同，截至 2021 年 4 月，境外机构已经连续 28 个月增持中国债券。进入 2021 年以来，证券投资项的净流入状况基本稳定。

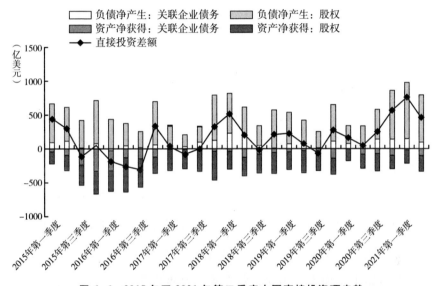

图 6-6　2015 年至 2021 年第二季度中国直接投资项走势

资料来源：国家外汇管理局。

相比之下，最不稳定的项目是其他投资项，也是中国短期资本波动的最大贡献项。疫情后，在大多数季度，其他投资项甚至成为中国非储备性质金融账户的唯一流出项。其他投资项的逆差表明中国对外贷款规模超过外国对中国的贷款规模，其中囊括短期投机资本的进出入。Forbes 和 Warnock（2012）的研究表明，异常资本流动，例如，急停（Sudden Stop）、涌入（Surge）、收缩（Retrenchment）与外逃（Flight）将引发更严重的金融市场动荡，其背后的风险值得高度关注。不过，从 2021 年第二季度起，中国其他投资项由负值转为正值，可能暗示了近期中国政府对跨境资本流动管理的加强，其他投资项的波动性将驱动整体非储备性质金融账户的走向。

三　估值效应的大小与方向驱动了储备资产规模的变动

在理论上，储备资产项在国际收支平衡表中是一个平衡项，数值上应等于经常账户余额、非储备性质金融账户余额和净误差与遗漏项之和。其中，外汇储备是储备资产中最重要的部分。疫情发生以后，中国外汇储备从 2020 年第二季度起呈现稳步上涨的趋势，外汇储备存量一直稳定在 3.1 万亿~3.2 万亿美元，这间接说明人民币汇率弹性的增强，央行已不再将出售外汇储备作为维持人民币汇率稳定的主要政策工具。

现阶段，中国储备资产出现存流量背离的主要原因是汇率变动与资产价格变动引发的估值效应等非交易因素。以 2021 年第一季度为例，全球主要货币汇率与资产出现了较大程度的分化（见表 6-2）。就主要货币汇率而言，美元指数在第一季度实现了升值，季度汇率平均上升 3.6%；欧元兑美元、美元兑日元贬值，季度汇率平均下降 4.0%、6.9%；英镑兑美元在第一季度小幅升值，季度汇率平均上升 0.9%。从汇率波动来看，美元显著升值将导致中国储备资产的价值缩水（因为中国储备资产以美元计价，但投资不同币种的资产）。就主要资产走势而言，全球主要股指，例如，标普 500 指数、富时 100 指数、法国 CAC40 指数、德国 DAX 指数、日经 225 指数均表现出不同程度的上涨；10 年期美债收益率在第一季度上涨 81BP，美债价格呈现逐月下跌的走势。鉴于中国储备资产的资产端以债券为主，负债端以股权为主，全球主要资产的变动将同时导致资产端财富缩水与负债端债务增加，资产波动引起的负估值效应决定了中国储备资产存流量在第一季度出现显著背离。

表 6-2　2021 年第一季度全球主要货币汇率及资产走势

	指标	2021 年 1 月	2021 年 2 月	2021 年 3 月	2021 年第一季度
货币汇率（％）	美元指数	0.6	0.4	2.5	3.6
	美元兑日元	-1.4	-1.7	-3.8	-6.9
	欧元兑美元	-0.6	-0.5	-2.8	-4
	英镑兑美元	0.2	1.7	-1	0.9
股市	标普 500 指数	-1.1	2.6	4.2	5.8
	富时 100 指数	-0.8	1.2	3.6	3.9
	法国 CAC40 指数	-2.7	5.6	6.4	9.3
	德国 DAX 指数	-2.1	2.6	8.9	9.4
	日经 225 指数	0.8	4.7	0.7	6.3
美债收益率	10 年期美债（BP）	18	33	30	81

资料来源：Wind。

四　净误差与遗漏项持续净流出可能暗示着存在隐蔽的资本流出

近年来，中国国际收支表中的净误差与遗漏项在多个季度呈现显著、大规模的流出，这也是中国国际收支表的重要结构性特征。通常而言，净误差与遗漏项反映统计误差等非交易因素的调整情况，理应呈现围绕零值上下波动的白噪声序列。然而，在多数年份与季度，中国净误差与遗漏项总体走势呈现系统性（非随机性），尤其是疫情发生以后，中国净误差与遗漏项流出规模创下 2016 年以来的新高。余永定和肖立晟（2017）的研究表明，中国净误差与遗漏项的走势与人民币汇率预期具有较高的相关性；同时，在多个季度，净误差与遗漏项持续流出导致短期资本流动波动性上升（见图 6-7）。因此，需要警惕净误差与遗漏项背后可能存在的资本流出及由其引发的系统性金融风险。

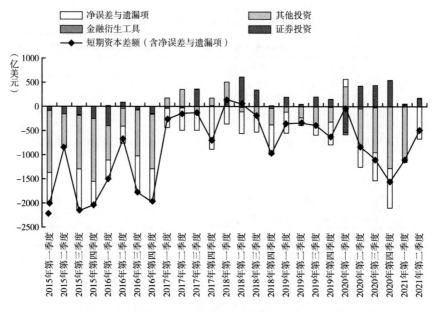

图6-7　2015年至2021年第二季度中国短期资本流动及各项组成情况

资料来源：国家外汇管理局，笔者计算。

第三节　中国国际收支变动的潜在影响

迄今为止，中国经常账户绝对规模与相对规模处于合理区间，尽管受到新冠疫情冲击，但是跨境双向投融资依然较为活跃，国际收支实现基本平衡，国际投资头寸状况基本稳健，对外金融资产与负债稳步增加。中国国际收支的部分子项目显著的结构性变化依然需要引起重视，其可能对宏观经济具有一定的潜在影响。

第一，如果中国经常账户盈余扩增的动力减弱、顺差缩小甚至出现经常账户逆差，就将导致人民币汇率出现一定程度的贬值，风险资产价格的波动性显著增强，还将对央行货币政策操作构成一定冲击。这是因为，随着中国经常账户盈余下降甚至由顺差转为逆差，未来中国需要依靠更多的外部资金来维持国际收支平衡，即需要抛售国外资产偿还债务，这将导致人民币供应增加而汇率相对贬值。同时，由于外部资金的波动性显著高于国内资金，这意味着未来某一段时间里风险资产价格的波动性将显著上升。此外，随着中国国际收支双顺差局面消失，经常账户盈余削减，央行失去了风险缓冲器，货币政策目标将面临更多的权衡取舍。

第二，如果中国非储备性质金融账户延续变动不居的走势，短期资本流动的波动性显著上升，就将加剧对中国金融市场与金融体系造成的负面冲击。随着央行继续推动金融开放进程，对资本管制进一步放松，异常资本流动以及各种内外部冲击都可能反过来对中国跨境资本流动管理构成挑战，央行不得不在"稳增长"与"防风险"之间做出更艰难的权衡，也不得不保留更多防范系统性风险的宏观审慎监管手段。

第三，如果中国储备资产继续稳步增加，海外资产与负债结构得以进一步合理化完善，就将有利于国民财富的顺利积累及"藏汇于民"。在中长期内，如果中国经常账户盈余缩减导致外汇储备逐步减少，中国投资者对美国国债的投资需求就将发生趋势性下降，未来美国国债市场的外部需求将发生显著下降，与美国现阶段类似"财政赤字货币化"的政策相结合，引发中长期内美国国债市场调整的风险，也将对中国产生较大的货币政策外溢影响。

第四，如果中国净误差与遗漏项延续显著的单向流出，就意味着更多资金从地下渠道流出，这会对中国这样的转型经济体构成一定的负面影响：其一，资本流出将导致国家净资产和国民财富削减，这意味着国民财富被少数人侵占从而造成贫富差距拉大，不利于实现共同富裕与社会稳定；其二，资本流出将导致政府税基受到侵蚀，加剧要素错配，破坏国民经济的稳定性与宏观经济政策的有效性；其三，长期的资本流出将导致一国国际信用评级下降，吸引外资能力下降，增加国际融资成本；其四，资本流出将破坏一国金融体系的稳定性与监管政策的有效性。有效抑制资本流出现象的频繁发生，需要进一步深化经济体制、金融体制及进行汇率与利率市场化改革。

第四节　新冠疫情后中国国际收支走向的展望

新冠疫情冲击的余波影响 2021 年中国国际收支的整体走向，判断中国未来国际收支状况何去何从，需要判断此轮国际收支变动由何种因素驱动。如果 2021 年以来中国国际收支的变动由结构性因素驱动，那么疫情发生以来中国国际收支的走向在一定程度上反映了未来的变动趋势；反之，如果此轮中国国际收支的变动由周期性或外生冲击等因素驱动，那么一旦经济周期回暖或疫情得以控制，中国国际收支的走向将发生调整。笔者结合以上分析框架，对未来 1~2 年内中国国际收支各项走势进行展望。

一　中国经常账户盈余增长动力有所疲软，经常账户余额将小幅缩减

尽管 2021 年初，经常账户延续盈余增加的状况，但在第二季度经常账户顺差已出现下滑，增长动力呈现疲软的态势。疫情等外生冲

击因素不是驱动中国经常账户变动的结构性因素，未来中国经常账户盈余恐怕难以持续增加，原因如下：其一，疫情发生后，中国呈现持续的经常账户盈余主要源于中国经济率先复苏，而其他主要国家普遍长时间陷入疫情的泥潭，未来随着中国经济增速逐渐放缓，美欧等发达经济体的经济恢复，中国经常账户顺差将有所缩减；其二，疫情发生后，中国消费需求恢复较为缓慢，导致总储蓄与总投资缺口逐渐拉大，随着未来消费需求的强劲复苏，经常账户持续盈余恐难维持；其三，随着疫情防控常态化下全球旅行交往的恢复，中国的服务贸易逆差会重新扩大，将驱动整体经常账户盈余收缩。因此，未来 1~2 年内，预计中国经常账户顺差将小幅缩减，全年经常账户余额/GDP 为 0.8%~1.2%。

二　非储备性质金融账户季度余额变动不居，年度余额大概率呈现逆差

自 2019 年中美贸易摩擦升级以来，中国金融市场的开放速度显著加快，具体表现在：其一，境外机构投资者可以通过深港通、沪港通与债券通投资境内 A 股、债券，在中国境内管理基金，为中国投资者提供投资管理及咨询服务，并且，中国在 2019 年 9 月取消了 QFII 与 RQFII 的额度限制；其二，允许境外金融机构对境内金融机构（银行、保险、证券、资管与融资租赁公司）持股甚至控股。在对跨境资金"宽进严出"的管理背景下，虽然非储备性质金融账户的证券投资项呈现资金持续流入的态势，但其他投资项的波动性日益加剧。随着 2021 年下半年乃至 2022 年中国经济增速放缓、与主要经济体经济增速的差距缩小，特别是目前中美处于经济周期与金融周期的不同阶段，中国总体上处于经济周期与金融周期的下行阶段，美国

总体上处于金融周期的上行阶段，经济周期上行且并未见顶，① 中美利差的缩小可能导致未来中国面临跨境资本的较大规模流出。如果中国政府推动资本账户开放进程加快，跨境资本流动管理的"宽进严出"模式有所松动，非储备性质金融账户的流出规模就将进一步扩大。考虑到在历史上，中国资本管制的进程多是非线性的，呈现"收紧—放松"的循环，预计未来 1~2 年内中国非储备性质金融账户将呈现季度余额变动不居、年度余额大概率逆差的局面，连同经常账户总体上依然维持中国国际收支的"一顺一逆"格局。

三 储备资产存量小幅缩减，存流量背离依然呈现

随着人民币汇率弹性的增加，央行很少动用储备资产（外汇储备）在外汇市场进行干预，这决定了未来中国储备资产存量呈现较为稳定的总体趋势。中国储备资产存量的走势主要取决于经常账户与非储备性质金融账户的走势及估值效应的影响。未来，一方面，由于新冠疫情持续时间的不确定性、美联储极度量化宽松政策（The Taper Tantrum）何时得以终止、中美贸易摩擦是否会反复等因素的存在，美元指数可能表现出更显著的波动性，估值效应引起的外汇储备存流量将产生一定程度的背离；另一方面，考虑到 2022 年中国可能出现小幅资本外流、人民币汇率呈现一定贬值压力，非储备性质金融账户大概率呈现年度逆差，这将导致中国外汇储备量小幅缩水，最终导致储备资产存量小幅缩减。未来 1~2 年内，中国外汇储备量为 3.0 万亿~3.1 万亿美元。

---

① 笔者采用带通滤波法与转折点法得出的测算结果。

四　净误差与遗漏项在绝大多数季度继续呈现流出态势

自 2015 年起，在绝大多数季度，中国国际收支的净误差与遗漏项均呈现显著的流出态势。在个别季度，净误差与遗漏项余额已经超过此时 GDP 的 8%，远远超过经常账户的规模，这已经很难单独用统计误差来解释。考虑到新冠疫情的持续与反复，在未来依然面临较大的不确定性，经济严重承压，如果中国政府多次采取收紧流入端的资本管制措施，就将进一步加强短期投机资本外流的动机，而通过净误差与遗漏项流出可能是资本外流最显著的渠道。值得一提的是，如果国际旅行与交往有望在 2022~2023 年显著恢复，净误差与遗漏项流出规模可能有所缩小。预计未来 1~2 年内中国净误差与遗漏项将出现年度逆差，绝大多数季度呈现显著的流出态势。

第五节　结论与政策含义

一　结论

新冠疫情发生后，中国经常账户规模处于合理区，经常账户与非储备性质金融账户呈现"一顺一逆"格局，双向跨境投融资总体上较为活跃，国际收支基本平衡，国际投资头寸稳健增长。结构层面，中国国际收支呈现经常账户盈余持续增加动能疲软、非储备性质金融账户波动性上升、储备资产存流量背离严重、净误差与遗漏项显著流出的特征。中国国际收支的结构性变化将对人民币汇率、国内风险资产价格、央行货币政策操作、金融稳定、经济增长与国民福利增加造成一定的负面冲击。展望未来 1~2 年内，中国国际收支将呈现经常账户顺差小幅缩减、非储备性质金融账户季度余额变动不居、储备资产小幅缩减、净误差与遗漏项流出依然显著的结构性特征，大体上维持"一顺一逆"的国际收支格局。预计未来 1~2 年内，中国经常账户余额/GDP 将维持在 0.8%~1.2%，外汇储备存量为 3.0 亿~3.1 亿美元。

二　政策含义

由于短期内中国难以做出针对海外资产配置的结构性调整，未来中国可以通过以下途径进一步改善国际收支调整模式：第一，加强人民币汇率形成机制改革，增加人民币汇率弹性，让人民币汇率在更大程度上由市场供求来决定；第二，中国资本账户开放的速度不宜过快，尤其是应该审慎放开对流出端的管制；第三，任何资本管制均不能替代改善国际收支的经济结构调整，可以将宏观审慎政策作为实现金融稳定、防止不规则资本显著流出与进入的长效手段，同时将跨境资本流动管理工具（CFM）作为改善国际收支的暂时性工具；第四，应建立金融风险预警体系，对潜在的资本外逃与异常交易进行有效监测与防范。

第七章 非金融企业杠杆率、公司储蓄 与中国经常账户调整*

2020 年，在新冠疫情背景下，全球贸易与投资秩序发生重构，叠加中美经贸摩擦持续等外部负面因素的影响，中国经济对外依存度显著下降，"加快形成以国内大循环为主体，国内国际双循环相互促进的新发展格局"至关重要。同时，"以内促外"的发展格局必然意味着国内潜在的金融风险将加快向对外部门转移。作为国内金融风险的重要缓冲器，私人部门储蓄一直扮演关键角色，并作为连接经常账户盈余的纽带。事实上，2008 年全球金融危机发生后，中国经常账户盈余开始显著缩减，甚至在 2018 年第一季度、2020 年第一季度呈现小幅逆差。由于一国外部失衡通常被视为内部失衡的镜像，储蓄-投资缺口的相对变动常被用来解释经常账户的调整。然而，相比之下，投资率更易受周期性因素影响，是一个调整频繁的快变量；而储蓄率则更易受结构性因素影响，是一个偶尔调整的慢变量。根据世界银行 WDI 数据库测算，2008~2017 年，储蓄率解释了中国储蓄-投资缺口调整的82%，投资率解释了 18%。因此，储蓄率的显著下滑或许是危机后中国

---

　　* 本章内容曾发表于《国际金融研究》2022 年第 4 期，合作者为张斌、张明。

经常账户盈余减少的关键解释因素。

我们将一国储蓄进一步划分为居民储蓄、企业储蓄和政府储蓄三部分。危机后，中国居民储蓄率、企业储蓄率和政府储蓄率均呈现阶段式下滑趋势。值得注意的是，2008～2017 年，中国企业储蓄率从 20.51% 下滑至 16.80%，累积下降两成左右；同时，企业储蓄的下降能够解释国民总储蓄下降的 48%。由此可见，企业储蓄的下降在一定程度上驱动了危机后中国总储蓄的趋势性下降，并可能因此加快经常账户盈余的缩减速度。对于危机后中国企业储蓄率迅速走低的情况，笔者猜想可能与非金融企业加杠杆有关。例如，从宏观债务数据来看，自 2009 年起，中国非金融企业开始显著加杠杆，杠杆率由 97.5% 上升至 2017 年的 156.6%，增加比例接近 60 个百分点。[①] 又如，根据图 7-1，不难看出，中国储蓄率（总储蓄/GDP）的变动与经常账户余额/GDP 的变动呈现相同的趋势，储蓄率在下降的同时面临非金融企业杠杆率的阶段式提升。

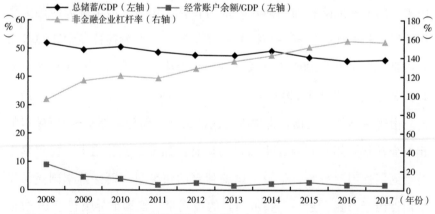

图 7-1　2008～2017 年中国储蓄率、经常账户余额/GDP、非金融企业杠杆率

资料来源：世界银行 WDI 数据库、BIS 与笔者自行计算。

---

① 数据来源：《中国金融年鉴》、BIS 和笔者自行计算。

依据简单的经济学逻辑，全球金融危机发生后的货币政策环境相对宽松，融资约束有所缓解，非金融企业显著加杠杆，并减少使用内源资金进行债务融资，预防性储蓄动机减弱，导致以留存收益为代表的储蓄资金被更多用于股利分配等财务支出活动，企业储蓄率因此下降，而企业储蓄率的下降会进一步收窄储蓄-投资缺口，最终导致经常账户盈余下降。因此，本章猜想危机后中国经常账户盈余的显著缩减可能与非金融企业的主动加杠杆行为有关，这与已有文献大多从居民储蓄与政府储蓄视角研究经常账户调整问题形成鲜明对比，也为危机后中国经常账户加速再平衡提供了一个全新的研究视角。

据此，本章首先构建理论模型，揭示非金融企业将通过加杠杆降低企业储蓄率进而驱动外部盈余减少的作用机制。随后，运用CSMAR数据库，重点验证非金融企业加杠杆驱动企业储蓄率下降这一核心中间机制的存在性，并揭示其中的异质性企业行为。本章的主要贡献如下。第一，提出并检验非金融企业通过加杠杆驱动企业储蓄率下降进而缩减外部盈余的传导机制，为危机后中国经常账户失衡的加速调整提供一个新的理论解释。第二，从微观视角出发，为中国经常账户盈余缩减提供企业层面的经验证据，研究结论具有较强的政策指向。本章结论表明，需防范私人部门加杠杆引致的国内潜在金融风险向对外部门传导。

本章剩余部分安排如下：第一节为文献综述和相关研究假设；第二节构建一个包含企业杠杆率、储蓄率和外部盈余的理论模型，揭示企业会通过加杠杆降低企业储蓄率进而驱动外部盈余减少的作用机制；第三节运用CSMAR数据库，进一步从微观视角重点验证非金融企业通过加杠杆驱动企业储蓄率下降这一核心中间机制的存在性，并揭示其中的异质性企业行为；第四节为稳健性检验，第五节为本章的结论与政策启示。

第一节　文献回顾：失衡与企业杠杆率

目前，鲜有文献探讨非金融企业杠杆率与经常账户调整之间的关系。由于储蓄率是连接两者的关键桥梁，本章首先回顾全球失衡与储蓄率变动的关系，随后梳理非金融企业加杠杆行为与储蓄率调整的联系。

一　全球失衡与储蓄率的变动

传统的理论文献认为一国储蓄率与跨境资本流动之间存在密切的联系。例如，企业储蓄率可被视为信贷约束下对流动资产的需求，金融约束趋紧将降低企业储蓄率，并导致企业资金外流以寻求高回报收益（Buera，Shin，2017）。再例如，政府储蓄是应对国内风险的重要减震器，而不少新兴经济体政府部门没有足够的储蓄偿还外债，直接导致严重的资本外流（Aguiar，Amador，2011；Benigno，Fornaro，2012）；Dooley 等（2007）采用理论模型解释新兴市场国家政府如何通过部门储蓄影响国际金融交易，控制经常账户以促进出口、增加就业率。此外，一些学者利用储蓄的预防性动机解释亚洲国家的高储蓄行为，可获得的安全资产有限与投资机会不足导致国内储蓄在一定程度上转移到对外部门，造成资本外流（Mendoza et al.，2009；Gourinchas，Jeanne，2013）。

2008 年全球金融危机发生前，包括中国在内的东亚发展中国家的高储蓄率受到广泛关注。李扬和殷剑峰（2007）分析了 1992~2003 年中国资金流量表，发现中国高储蓄率背后的结构性变化，由于劳动报酬、财产收入与再分配收入缩减，居民储蓄率呈逐步下降趋势；由于居民劳动报酬支出和利息支出较少，企业储蓄率呈上升趋势；由于政府可支配收入占比越来越大，政府储蓄率急剧上升。汪伟（2010）认为危机前中国的高储蓄率主要与市场转型背景下的经济高速增长及人口政策转变导致的抚养系数下降有关。乔纳森（2010）的研究表明中国高储蓄率反映了经济增长的不平衡性。此外，尽管诸如伯南克等西方学者认为全球失衡由中国等国家的高储蓄率导致，但更多学者运用储蓄-投资缺口及全球储蓄率下降等特征事实予以反驳（李翀，2009；殷剑峰，2013）。

与此同时，鲜有文献能够通过实证方法准确论证两者的关系，背后的原因是大部分理论模型是基于宏观变量的动态一般均衡模型，而没有使用微观数据度量不同企业储蓄动机的异质性。Fan 和 Kalemli-Özcan（2016）用实证数据验证了多个亚洲国家金融改革、企业储蓄率和全球失衡之间的联系，他们的研究表明，在进行金融改革后，原先受到信贷约束的企业倾向于减少储蓄，但这并未使企业储蓄率下降；分行业回归的结果表明，在进行金融改革后，依赖外部融资的行业的储蓄率明显提升，但这并未使经常账户盈余增加。

二　非金融企业杠杆率与储蓄率

2008 年全球金融危机发生后，中国非金融企业的杠杆率迅速高企，2010 年后甚至直线上升，与此同时，中国企业储蓄率在 2010 年后呈现阶段下滑趋势，这两者之间是否存在必然联系？

目前，关于非金融企业杠杆率的问题主要集中在以下四个方面。第一，企业杠杆率的特征现状。根据国家金融与发展实验室在 2019 年的研究，截至 2018 年底，中国金融部门、居民部门、政府部门

（包含地方融资平台）和非金融企业部门的债务规模占 GDP 的比重分别为 21%、40%、57% 和 156%。与其他国家相比，中国债务增长率居世界前列（徐琨、谭小芬，2016）；分部门而言，非金融企业部门杠杆率是四个部门中增长最快的（殷剑峰，2016）。但是，近年来，非金融企业微观杠杆率出现与宏观杠杆率背离的趋势，纪敏等（2018）认为这与资产回报率下降有关。第二，企业高杠杆的影响。根据 Fisher 的债务-通缩理论，过度负债会导致企业利润下降、货币需求收缩及资产价格下跌。同时，Reinhart 和 Rogoff（2010）的研究表明，企业高负债可以在实体部门和金融部门交叉传导，若遭遇不利的外部冲击，就可能引发系统性金融风险。第三，企业杠杆率的驱动因素。非金融企业杠杆率的决定因素可按照微观因素、宏观因素与制度因素三个维度进行划分，微观因素包括公司规模、盈利能力、有形资产占比、税率等财务指标（Long & Malitz，1985）；宏观因素主要包括经济增速、通胀率、行业平均利润率、政策不确定性等（Mustafa et al.，2013）；制度因素主要为所有制类型。第四，去杠杆的方式与建议。余永定（2014）指出为防止企业杠杆率继续攀升，酿成"明斯基时刻"，中国政府需要提高金融资源配置效率，企业需要提高自身盈利能力，减少对债务融资的依赖。国际货币基金组织在 2016 年提出六项化解企业高债务的举措，涵盖识别问题企业、估算损失、分配损失成本、企业重组与市场化改革，以及加快市场化进程等方面。

就非金融企业杠杆率与储蓄率的逻辑关联而言，这主要取决于企业在面临融资约束时，对内源资本与外源资本的替代选择与预防性储蓄动机。当面临较强的融资约束时，为了满足未来投资需求与防范重大风险，企业倾向于进行储蓄积累；反之，当融资约束有所松动时，企业倾向于减少储蓄、增加杠杆以获取最大利润。另外，根据著名的MM 定理，在完全市场条件下，资本结构对于公司而言并无差异，即内部融资和外部融资具有相同的成本。然而，在实际情况下，由于企业所有制不同、地区差异以及信息不对称等因素的存在，大量企业面临融资约束。Myers 和 Majluf（1982）发现，在信息不对称和不确定性信息共存的情况下，外部筹资成本显著高于内部筹资成本，因此企业应当储蓄以满足筹资需要。同时，Myers（1984）的优序融资理论指出，与外部融资相比，企业往往更偏好内部融资，如果实在需要外部融资就会优先选择债务融资，这构成了企业杠杆率与储蓄率的逻辑关系。事实上，融资先后顺序反映了基于生产率及金融约束的企业异质性行为。就企业类型而言，Song 等（2011）指出，相对高生产率的私营企业偏好以储蓄率为代表的内部融资，而相对低生产率的国企偏好加杠杆的外部融资，这就会导致非金融企业杠杆率提升对储蓄率产生异质性影响。就地区层面而言，Buera 和 Shin（2017）的研究表明，金融发展程度较低的欠发达地区的企业长期依赖内部融资，导致出现长期的高储蓄率与低杠杆率；随着金融发展程度提升，企业杠杆率提升，储蓄率下降。毋庸置疑的是，2008 年全球金融危机发生后，融资约束的缓解及金融发展程度的上升驱动更多企业提高外部融资占比，降低内部融资占比，这就促成了企业加杠杆与储蓄率变动的逻辑关系。

具体到中国实际而言，企业杠杆率与储蓄率的关联还存在一定的特殊性。由于中国当前尚未完成金融市场化改革，资本账户并未完全开放，企业的外部筹资渠道会受到很大的限制，其加杠杆时会更多依赖内部资本，这导致储蓄率更低（林毅夫，2013）。另外，所有制在中国企业融资顺序上扮演重要角色。其中，由于融资约束较大，非国有企业更加偏好进行预防性储蓄，而凭借政府背书优势，国有企业的融资约束相对较小，预防性储蓄更少。因此，中国经济失衡的一个主要原因在于经济结构转型以及国有企业和私营企业信贷约束的差异，国有部门劳动力向私营部门转移使收入和储蓄增加，而私营部门信贷约束的存在使预防性储蓄增加，投资减少（尹志超、路晓蒙，2015）。

最后，关于企业储蓄率的测算领域也存在一定分歧。传统的储蓄率的测算源于资金流量表，将其定义为所有企业（包括非金融企业与金融企业）最终可支配收入的总和，其在数值上等于企业在生产和经营过程中经过初次分配的总收入与经常转移的差额（江静，2013）。微观层面，根据会计恒等式，企业储蓄等于利润与股利分红之差（樊纲等，2009；黄益平、陶坤玉，2011），多用留存收益衡量（Tyers，Bain，2008）。对于留存收益数据缺失的国家，其他股东资金被用于测算企业储蓄，可行资产比例被用于测算企业储蓄率（Fan，Kalemli-Özcan，2016）。

综上所述，不难看出，现有研究存在以下不足：首先，自2010年起，中国储蓄率和企业储蓄率开始下降，现有文献多关注2008年全球金融危机发生前的中国高储蓄率问题；其次，很少有文献直接关注企业杠杆率与中国对外经常账户变动的关系，即内部风险是否可能向对外部门转移；最后，对危机后中国经常账户失衡加速调整的微观解释缺乏对企业异质性的考量。

因此，本章将把企业储蓄率作为纽带，将非金融企业杠杆率与经常账户变动联系起来，构建理论模型，以说明企业加杠杆将加速中国经常账户调整，并进一步探究非金融企业通过加杠杆驱动储蓄减少这一中间机制的作用效果是否会因企业异质性而存在差异，以为中国经常账户变动提供一个新的解释。

第二节　理论机制与研究假设

一　理论模型

由于企业投融资行为将受到企业储蓄的约束，为揭示非金融企业加杠杆对经常账户调整的驱动路径，参考 Song 等（2011）的研究，本章类比构建一个融入代际交替（OLG）的比较静态均衡模型以阐明非金融企业加杠杆对一国经常账户的影响机制，具体模型构建情况如下。

（一）消费者偏好

假定经济体由代际交替的个人组成，每个个体只能存活两期（青年、老年），第一期工作，第二期以第一期的储蓄为生。独立个体一生的效用函数为两期效用加总：

$$U = \frac{(c_1)^{1-\frac{1}{\theta}}}{1-\frac{1}{\theta}} + \beta \frac{(c_2)^{1-\frac{1}{\theta}} - 1}{1-\frac{1}{\theta}} \tag{1}$$

其中，β 为折现因子，θ 为消费的跨期替代弹性，假设个体储蓄不会随收益率增加而减少，$\theta \geqslant 1$。

假定个体间具有异质性技能。其中，N 数量的个体不具有企业管理技能，充当技术工人；μN 数量的个体拥有企业管理技能，充当企业家。

（二）企业生产与融资

假定企业家拥有企业所有权，企业家储蓄等同于企业储蓄。企业通过资本投入（资本性投资）、技术并雇用工人进行生产，生产函数为：

$$y = k^{\alpha}(An)^{1-\alpha} \tag{2}$$

其中，资本投入 k（资本性投资）来源于企业家储蓄 s^E 和企业向银行的贷款 l^E，$k = s^E + l^E$，贷款利率为 R^l，即资本投入（资本性投资）的规模要受到企业融资约束和企业自有储蓄约束的影响。

企业利润最大化意味着资本的边际成本 R^l（贷款利率）等于资本的边际产出 ρ_E（资本收益率），劳动的边际成本 w 等于劳动的边际产出，化简可得：

$$\rho_E = R^l \tag{3}$$

$$w = (1 - \alpha)\left(\frac{\alpha}{R^l}\right)^{\frac{\alpha}{1-\alpha}} A \tag{4}$$

企业期末的资本收益为 $\rho_E(s^E + l^E)$，需要偿还的贷款为 $R^l l^E$，定义两者之比为 $\eta = R^l l^E / \rho_E(s^E + l^E)$，因为 $\rho_E = R^l$，所以有：

$$\eta = \frac{l^E}{s^E + l^E} \tag{5}$$

其中，η 可看作企业融资的杠杆率，即负债与资本之比。数值越大，表示杠杆率越高。

（三）储蓄

假定社会总储蓄由工人储蓄与企业家（企业）储蓄组成。

1. 工人储蓄

年轻工人在获得工资收入 w 后会将其中一部分直接存入银行，以用于老年时期的消费开支，银行储蓄收益率为 R^d。为最大化一生的效用水平，工人需进行最优化储蓄决策。在预算约束为 $c_1^w + c_2^w / R^d = w$ 的条件下，工人最优储蓄为：

$$s^w = \zeta^w w \tag{6}$$

其中，$\zeta^w \equiv [1+\beta^{-\theta}(R^d)^{1-\theta}]^{-1}$。

2. 企业家（企业）储蓄

为最大化一生的效用水平，企业家也需进行最优化储蓄决策。假定企业家的初始财富为 m，企业家的两期消费分别为 $c_1 = m-s^E$，$c_2 = \rho_E(l^E + s^E) - R^l l^E$。根据式（5）换掉 l^E，企业家效用最大化问题如下：

$$\max_{s^E} \frac{(m-s^E)^{1-\frac{1}{\theta}}-1}{1-\frac{1}{\theta}} + \beta \frac{\left(\dfrac{(1-\eta)\rho_E R^l}{R^l-\eta\rho_E}s^E\right)^{1-\frac{1}{\theta}}-1}{1-\frac{1}{\theta}} \tag{7}$$

求解以上最优化问题，可得企业家最优储蓄为：

$$s^E = \zeta^E m \tag{8}$$

其中，$\zeta^E = \left(1+\beta^{-\theta}\left(\dfrac{(1-\eta)\rho_E R^l}{R^l-\eta\rho_E}\right)^{1-\theta}\right)^{-1}$。企业最优化储蓄实质上等价于考虑了最优投融资行为的企业储蓄。

（四）企业储蓄率与杠杆率

为进一步判断企业储蓄率 ζ^E 与杠杆率 η 之间的关系，需将 ζ^E 对 η 求一阶导数，可以得出以下判断。

当 $R^l < \rho_E$ 时，$\dfrac{\partial \zeta^E}{\partial \eta} > 0$；当 $R^l > \rho_E$ 时，$\dfrac{\partial \zeta^E}{\partial \eta} < 0$。换言之，若企业资本收益率 ρ_E 较高，则加杠杆有利于企业储蓄增长；若企业资本收益率 ρ_E 较低，甚至低于银行贷款利率 R^l，则加杠杆将降低企业储蓄率。

（五）银行部门

假定银行部门除了吸收本国工人和企业储蓄并向企业放贷之外，

还会进行跨国投资，购买国外债券。根据资产-负债平衡原则，银行部门的资产-负债表可表示为：

$$l^E + B = \zeta^w wN + \zeta^E m\mu N \tag{9}$$

其中，式（9）的左边为银行资产，分别为企业向银行的贷款 l^E、银行持有的国外债券 B；右边为银行债务，分别为工人储蓄 $\zeta^w wN$ 和企业储蓄 $\zeta^E m\mu N$。

（六）经常账户、储蓄率与杠杆率

根据国际宏观经济理论，一国的金融资产外部盈余为该国的经常账户盈余。简化起见，假定本国持有的国外金融资产仅仅包括银行部门购买的国外债券，那么，本国经常账户盈余应该等于本国银行部门持有的国外债券余额，即：

$$CA = B \tag{10}$$

联立式（9），可得：

$$CA = \zeta^w wN + \zeta^E m\mu N - l^E \tag{11}$$

根据 $\eta = R^l l^E / \rho_E (s^E + l^E)$ 和 $k = s^E + l^E$，式（11）可等价为：

$$CA = \zeta^w wN + \zeta^E m\mu N - \frac{\eta \rho_E}{R^l} k \tag{12}$$

令 $\zeta^w wN = S^w$（工人储蓄），$\zeta^E m\mu N = S^E$（企业储蓄），式（12）进一步整理为：

$$CA = S^w + S^E - \frac{\eta \rho_E}{R^l} k \tag{13}$$

由式（13）不难看出，η 不仅能够直接影响 CA，还能通过 S^E 间接影响 CA（$S^E = \zeta^E m\mu N = (1 + \beta^{-\theta}(\frac{(1-\eta)\rho_E R^l}{R^l - \eta\rho_E})^{1-\theta})^{-1} m\mu N$）。因此，

企业加杠杆影响经常账户有两个渠道：一方面，企业加杠杆通过直接效应恶化经常账户；另一方面，企业加杠杆通过企业储蓄率对经常账户产生间接影响，当企业资本收益率较低时，企业加杠杆将通过降低企业储蓄率间接减少经常账户盈余。

根据以上对理论模型的比较静态分析发现，非金融企业加杠杆能够对一国的经常账户盈余产生抑制作用，其中包含直接效应与间接效应（以企业储蓄率为中介）。另外，通过使用宏观数据指标进行中介效应检验的结果表明，企业储蓄率在企业加杠杆促进中国经常账户盈余缩减中扮演唯一的中介角色。

综合上述理论模型分析与中介效应检验可知，宏观层面，企业加杠杆通过企业储蓄率下降对经常账户盈余产生显著的抑制作用。微观层面，企业加杠杆是否能驱动企业储蓄率下降？接下来，本章将从微观视角，基于企业异质性，详细考察企业杠杆率与企业储蓄率之间更为具体的逻辑关系。据此，本章提出以下研究假设。

二 研究假设

首先，本章需要验证的是，从微观视角看，企业杠杆率变动将如何驱动企业储蓄率进行相应调整。中国企业的资本收益率普遍较低，同时由于融资约束降低后，企业加杠杆时使用内部资金的比例会下降，企业的预防性储蓄动机变弱，从而以留存收益为代表的储蓄会被更多地用于股利分配等财务支出活动，最终企业储蓄率将下降。因此，本章的假设1如下。

H1：中国非金融企业杠杆率提升将导致企业储蓄率下降。

其次，检验中国经常账户盈余缩减背后的异质性企业行为。加杠杆将导致不同所有制、行业、地区的企业储蓄率呈现差别化变动。

一是所有制的差异。通常而言，国有企业不具有显著的预防性储蓄动机，在主动加杠杆的同时，企业储蓄率将显著下降。而民营企业拥有较强的预防性储蓄动机，因此，在加杠杆后，企业储蓄率的下降可能并不显著。本章的假设 2 如下。

H2：国有企业杠杆率提升将导致企业储蓄率显著下降，而民营企业加杠杆的作用效果可能不明显。

二是行业的差异。要素密集度与要素流动性使不同行业的企业具有异质性储蓄动机。杠杆率增长较快与杠杆率较高行业的企业通常与其余企业存在储蓄行为分化的情况。本章的假设 3 如下。

H3：杠杆率最高的行业及杠杆率增长最快的行业加杠杆对降低企业储蓄率的作用效果更显著。

三是地区的差异。经济发展、要素禀赋、信贷扶持政策的分化导致不同地区的企业加杠杆对企业储蓄率的影响可能存在较大差异。本章的假设 4 如下。

H4：东部企业加杠杆对企业储蓄率变动的影响更为显著。中西部企业加杠杆对企业储蓄率变动的影响相对较弱。

第三节　实证研究：企业杠杆率驱动储蓄率变动的微观证据

一　数据选择和变量定义

（一）数据选择

本章接下来将重点为非金融企业加杠杆驱动企业储蓄率下降这一核心中间机制寻找充足的微观证据。根据数据可得性，选择 CSMAR

数据库中 2008~2017 年中国上市非金融企业的微观数据作为研究样本，该数据库包含多个上市公司的财务指标。首先对数据进行如下初始处理：①剔除行业代码缺失的企业；②剔除连续三年关键指标（企业储蓄率、杠杆率）缺失的企业；③剔除金融企业；④剔除员工人数小于 8 人的企业。据此，本章最终得到了 3336 家企业的非平衡面板数据。此外，对于一些宏观变量，数据来源于 CEIC、Wind 数据库及笔者计算。

由上一节理论模型可知，当企业的资本收益率小于银行贷款利率时，企业加杠杆通过企业储蓄率对经常账户盈余产生负向驱动作用。本节将资本收益率定义为息前税后经营利润/投入资本，在剔除资本收益率中的异常值（上下 1% 缩尾处理）后，通过计算发现，2008~2017 年，中国上市非金融企业平均资本收益率为 6.0%，中位数为 5.8%（实际上，国有企业资本收益率更低）；2008~2017 年，金融机构人民币贷款平均利率为 6.23%。[①] 因此，全球金融危机发生后，中国上市非金融企业普遍存在资本收益率较低的问题，其甚至低于金融机构人民币贷款利率，这符合上一节的理论假设。

（二）变量定义

对于关键被解释变量——企业储蓄率做出如下界定：由于企业储蓄率的理想指标为资产负债表中的留存收益比例，因此本章选择 CSMAR 数据库中的留存收益/总资产作为企业储蓄率的关键代理变量，另外本章把留存收益/净利润作为企业储蓄率的另一代理变量，以求获得更稳定的结果；此外，其他股东资本/总资产、股东资本/有形资产也常被用于度量企业储蓄率，依据数据的可得性，在稳健性检

---

① 数据来源：CSMAR 数据库和 Wind 数据库。

验中，本章还使用股东权益/总资产、股东权益/有形资产等替代企业储蓄率指标。

自变量方面，首先定义关键解释变量——企业杠杆率。宏观层面和微观层面对企业杠杆率的界定存在一定偏差，宏观层面，企业杠杆率通常由企业债务占 GDP 的比重衡量；微观层面，本章用资产负债率（账面总负债/账面总资产）、流动负债/总资产刻画企业杠杆率；本章把其他企业层面的解释变量作为控制变量，包括企业规模（总资产的对数）、员工人数、企业年龄、存货/总资产、资金周转率、利息支出比例①、外部融资依赖度②与内部融资依赖度③；对于可能影响企业储蓄率的宏观市场因素，本章定义了宏观经济变量，包括经济增长率、利率市场化程度指数与资本账户开放度④指数。

其中，对于利率市场化程度指数与资本账户开放度指数，本章采取如下计算方法获得：利率市场化程度指数采取层次分析法构建，即将存贷款利率、货币市场利率、债券市场利率、理财产品收益率作为一级指标，将人民币存贷款利率、美元存贷款利率、同业拆借利率、票据贴现利率、债券发行利率及回购利率与主要理财产品收益率作为二级指标，结合利率市场化改革以来的重大政策和重大事件，进行权重赋值，测算出每一年份的利率市场化程度指数；对于资本账户开放度指数，同样选择重大事件和政策权重赋值的方法进行测算。

---

① 由于数据可得性的限制，用存货周转率替代资金周转率，用利息支出/资本性支出替代利息支出比例。
② 外部融资依赖度为（资本性支出-现金流）/资本性支出。
③ 内部融资依赖度为虚拟变量，分为大企业和其他企业，大企业为企业员工人数大于1000人且主营业务收入大于4亿元的企业。
④ 资本账户开放度反映了金融市场开放程度，金融市场越开放，企业获得外部资金的便利性越高。

表 7-1 是对主要变量的描述性统计。结合表 7-1 可知：第一，2008 年全球金融危机发生后，中国非金融上市企业总体储蓄率并不高，微观层面企业储蓄率低于宏观层面企业储蓄率；第二，中国非金融上市企业总体规模较大，具有较多的员工；第三，中国非金融企业宏观层面杠杆率与微观层面杠杆率分化显著，宏观层面杠杆率显著高于企业的资产负债率；第四，反映企业经营层面和流动性的自变量间的差距较大，中国非金融上市企业仍面临较强的流动性约束；第五，宏观经济变量显示，经济增长率较高有利于企业运行，利率市场化程度指数提高有利于企业拓宽融资渠道，资本账户开放度指数较低则反映出中国企业依靠股权的外源性融资相对困难。

表 7-1　主要变量的描述性统计

变量类型	名称	均值	标准差	最大值	最小值	观测数
因变量	企业储蓄率	0.1073	0.3133	0.5382	-2.0016	23376
企业层面变量	企业规模	21.9333	1.3572	28.5087	14.1082	23391
	企业杠杆率	0.4467	0.2233	1.0374	0.0480	23391
	员工人数	5508	19682.7900	552810	9	23360
	企业年龄	15.5969	5.7435	50.6700	1	17099
	存货/总资产	0.1585	0.1515	0.9426	0	23300
	资金周转率	88.5070	2602.0160	205580	0	23052
	利息支出比例	7.0362	110.3625	8870.9400	0	23237
	内部融资依赖度	0.6899	0.4625	1	0	23391
	外部融资依赖度	-10.7833	2292.7640	61098.3100	-328196.1000	23304
宏观经济变量	经济增长率	8.0203	1.3215	10.6400	6.7400	23391
	利率市场化程度指数	0.8246	0.1546	0.9928	0.6247	23391
	资本账户开放度指数	61.6800	10.1692	75.4800	43.4900	23391

注：结果最多保留至小数点后四位。
资料来源：笔者自行计算整理。

二　非金融企业杠杆率对企业储蓄率的实证研究

主回归的计量模型如下：

$$Saving_{it} = \alpha + \beta leverage_{ut} + \gamma Z_{it} + \chi M_t + Ind + Province + Year + \mu_i + \varepsilon_{it} \quad (14)$$

式（14）中，被解释变量为企业储蓄率，右下标 i、t 代表单个企业和年份；根据有关企业储蓄率的文献，本章选择决定企业储蓄率的企业层面变量及影响企业储蓄决策的宏观经济变量作为解释变量。其中，*leverage* 代表企业杠杆率；Z 代表其他企业层面变量，包括企业规模（*scale*）、员工人数（*people*）、企业年龄（*age*）、存货/总资产（*stock*）、资金周转率（*cycle*）、利息支出比例（*interest_ spending*）、内部融资依赖度（*dependence_ inside*）、外部融资依赖度（*dependence_ outside*）；M 代表影响企业储蓄率的宏观经济变量，包括经济增长率（*GDP growth*）、利率市场化程度指数（*interestrate market index*）与资本账户开放度指数（*kaopen index*）；*Ind*、*Province*、*Year* 代表行业、省区市和年份控制变量，μ_i 为个体固定效应，并按照公司聚类。

（一）全样本回归

按照以上数据说明与变量定义，全样本的基准回归结果如下。

表 7-2 显示了 2008~2017 年中国非金融上市企业全样本回归结果，本章将企业储蓄率 1（*saving*1）定义为留存收益/总资产，将企业储蓄率 2（*saving*2）定义为留存收益/净利润，将企业杠杆率 1（*lev*1）设定为资产负债率，将企业杠杆率 2（*lev*2）设置为流动负债/总资产，将其分别作为被解释变量与解释变量构建回归方程。此外，考虑到企业杠杆率与企业储蓄率之间可能存在双向因果关系，本章在回归时引入企业杠杆率的滞后一期变量，以缓解可能存在的内生性及

双向因果关系。通过比较混合回归模型［见表 7-2 第（1）列和第（2）列］结果、固定效应模型［见表 7-2 第（3）列和第（4）列］结果、随机效应模型［见表 7-2 第（5）列和第（6）列］结果，Hausman 检验支持选择固定效应模型，变量间不存在显著的内生性。

表 7-2　全样本回归结果（2008~2017 年）

变量名称	（1）saving1	（2）saving2	（3）saving1	（4）saving2	（5）saving1	（6）saving2
lev1	-1.233*** (0.072)	-5.553*** (1.0860)				
lev2			-1.930*** (0.308)	-18.980*** (2.070)		
L.lev1					-0.041* (0.024)	
L.lev2						-79.140*** (4.076)
scale	0.254*** (0.043)	-3.076 (2.361)	0.270*** (0.074)	-3.982* (2.357)	0.308*** (0.016)	-2.301 (2.780)
people	-1.88e-06** (8.25e-07)	-3.89e-05 (0.000)	-1.67e-06 (1.42e-06)	-1.02e-05 (0.000)	-4.59e-06*** (1.39e-06)	-4.66e-06 (0.000)
age	-0.055*** (0.011)	-0.379 (2.205)	-0.050*** (0.013)	-0.342 (2.201)	-0.034** (0.014)	-1.388 (2.445)
stock	0.489*** (0.060)	1.668 (14.270)	0.567*** (0.152)	5.070 (14.250)	-0.090 (0.097)	3.380 (16.820)
cycle	-0.000*** (6.16e-05)	0.002*** (0.001)	-0.000*** (6.19e-05)	0.002*** (0.001)	-0.000*** (3.22e-06)	0.002*** (0.001)
interest_spending	-4.55e-05 (6.43e-05)	-0.006 (0.011)	-1.12e-05 (6.91e-05)	-0.006 (0.011)	-7.84e-05 (6.55e-05)	-0.007 (0.011)
interestrate market index	-0.129 (0.103)	51.210 (31.950)	-0.116 (0.131)	52.340 (31.890)	0.322 (0.250)	59.880 (43.350)
GDP growth	-0.009*** (0.004)	0.217 (1.972)	-0.010** (0.005)	0.231 (1.968)	-0.007 (0.013)	0.926 (2.219)
kaopen index	0.007** (0.003)	-0.313 (0.791)	0.002 (0.005)	-0.329 (0.790)	-0.009 (0.006)	-0.132 (1.005)
dependence_inside	0.038* (0.022)	3.224 (4.032)	0.051 (0.037)	3.854 (4.025)	-0.016 (0.027)	4.642 (4.794)

续表

变量名称	（1）	（2）	（3）	（4）	（5）	（6）
	*saving*1	*saving*2	*saving*1	*saving*2	*saving*1	*saving*2
dependence_outside	−1.19e−05	−0.000	−1.15e−05	−0.000	−1.21e−05	0.000
	(1.16e−05)	(0.002)	(1.27e−05)	(0.002)	(1.07e−05)	(0.002)
常量	−4.606***	54.420	−4.585***	77.190	−5.756***	62.920
	(0.893)	(53.680)	(1.536)	(53.630)	(0.361)	(62.570)
Ind	√	√	√	√	√	√
Province	√	√	√	√	√	√
company	cluster	cluster	cluster	cluster	cluster	cluster
观测值	14502	14501	14502	14501	14502	14502
R^2	0.908	0.040	0.703	0.008	0.215	0.031

注：“L. *lev*1”“L. *lev*2”为滞后一期变量，*company* 为企业，√表示控制该维度固定效应，cluster 为聚类；*** $p<0.01$，** $p<0.05$，* $p<0.1$；结果最多保留至小数点后三位，括号内数据为标准误。

结合表 7-2 中第（1）~（6）列实证结果可知：第一，总体上，中国非金融企业提升杠杆率使企业储蓄率显著下降，这与本章的假设 H1 相符，说明近年来中国企业储蓄率的显著下降确实与企业显著加杠杆有关，同时验证了中国企业优先动用内源性积累以获取融资的事实；第二，不同企业杠杆率对于企业储蓄率的驱动作用大小不同，流动负债比例上升对于企业储蓄率的驱动作用更大；第三，大部分控制变量对于企业储蓄率产生显著影响，几乎所有企业层面变量，如企业规模、资金周转率、员工人数、企业年龄等均对企业储蓄率产生显著影响，经济增长率与资本账户开放度指数是宏观经济层面对企业储蓄率的显著驱动因素。

（二）企业异质性影响1——企业所有制差异

由于不同类型的所有制企业的投融资环境以及经营策略的不同，企业加杠杆驱动企业储蓄率下降的效果在不同所有制企业之间可能存在较大差异，对国有企业的效果可能更显著。据此，本章检验假设H2。具体地，本章将企业按所有制类型分为三类：国有企业（国企）、民营企业（民企）与混合制企业（混合制，即所有制为"国有+民营"或"国有+外资"）。相关回归结果如表7-3所示。

表7-3　企业异质性影响1——企业所有制差异的回归结果（2008~2017年）

变量	(1) saving1	(2) saving2	(3) saving1	(4) saving2	(5) saving1	(6) saving2
L.$lev1$	−0.006 (0.177)		−0.156* (0.089)		−0.044 (0.169)	
L.$lev2$		0.0443 (0.177)		−0.119 (0.095)		−0.002 (0.167)
L.$lev1$×国企	−0.247** (0.123)					
L.$lev1$×民企			0.136 (0.127)			
L.$lev1$×混合制					0.617* (0.364)	
L.$lev2$×国企		−0.265** (0.134)				
L.$lev2$×民企				0.145 (0.145)		
L.$lev2$×混合制						0.788* (0.456)
$scale$	0.307*** (0.088)	0.305*** (0.088)	0.308*** (0.088)	0.307*** (0.088)	0.309*** (0.088)	0.308*** (0.088)
$people$	−4.39e-06** (1.95e-06)	−4.42e-06** (1.96e-06)	−4.51e-06** (1.97e-06)	−4.53e-06** (1.98e-06)	−4.52e-06** (1.97e-06)	−4.59e-06** (2.00e-06)
age	−0.034*** (0.012)	−0.034*** (0.012)	−0.034*** (0.012)	−0.034*** (0.012)	−0.034*** (0.012)	−0.033*** (0.012)
其余控制变量	√	√	√	√	√	√
常量	−5.678*** (1.660)	−5.668*** (1.666)	−5.721*** (1.661)	−5.712*** (1.667)	−5.766*** (1.661)	−5.770*** (1.670)

续表

变量	(1)	(2)	(3)	(4)	(5)	(6)
	saving1	*saving2*	*saving1*	*saving2*	*saving1*	*saving2*
Year	√	√	√	√	√	√
Ind	√	√	√	√	√	√
Province	√	√	√	√	√	√
观测值	14502	14502	14502	14502	14502	14502
N	2113	2113	2113	2113	2113	2113
R^2	0.217	0.216	0.216	0.216	0.217	0.217

注："L. *lev1*""L. *lev2*"为滞后一期变量，√表示控制该维度固定效应，cluster 为聚类；*** $p<0.01$，** $p<0.05$，* $p<0.1$；结果最多保留至小数点后三位，括号内数据为标准误。

结合表 7-3 回归结果可知，引入企业杠杆率的滞后一期变量后，国有企业资产负债率的提升将使企业储蓄率显著下降，而这在民营企业并不显著；在 0.1 显著性水平下，混合制企业加杠杆反而推升了企业储蓄率，但是混合制企业的样本数量与其余两类企业的差距过大，可能导致结果存在偏误。上述结果表明，2008 年全球金融危机发生后，国有企业加杠杆是企业杠杆率攀升的主导力量，另外，由于存在预算软约束并且无资不抵债的担忧，国有企业在主动扩张的同时消耗内源资金却并未增加预防性储蓄，而中国金融市场配置效率较低进一步造成国有企业在迅速扩张的同时大量消耗内源积累，因此，国有企业储蓄率受加杠杆影响出现显著下滑。而对民营企业而言，由于危机后杠杆率攀升速度相对较慢甚至下降，再加上预防性储蓄意识较强、资本充足率较高，杠杆率上升对储蓄率下降的驱动效果并不显著。

（三）企业异质性影响 2——所属行业差异

基于企业杠杆率在不同行业之间的绝对水平差异与增长率差异，本章验证假设 H3，企业加杠杆驱动储蓄率下降的作用效果在不同行业可能存在差别。本章从 CSMAR 数据库中的企业数据中筛选出杠杆率最高和杠杆率增长最快的三大行业，分别为 S90（综合）、E47（房屋建筑业）、C41（其他制造业）和 B09（有色金属矿采选业）、K70（房地产业）、C30（非金属矿物制品业）。相关回归结果如表 7-4、表 7-5 所示。

表 7-4　杠杆率最高的行业与企业储蓄率回归结果

变量	(1)	(2)	(3)	(4)	(5)	(6)
	saving1	saving2	saving1	saving2	saving1	saving2
L. lev1	-0.508*** (0.096)		-0.643*** (0.110)		-0.041* (0.168)	
L. lev2		-0.510*** (0.107)		-0.674*** (0.129)		-0.673*** (0.130)
L. lev1×S90	-0.356*** (0.093)					
L. lev1×E47			-0.219* (0.117)			
L. lev1×C41					-0.299** (0.124)	
L. lev2×S90		-0.409*** (0.093)				
L. lev2×E47				-0.409*** (0.119)		
L. lev2×C41						-0.042** (0.074)
scale	0.186*** (0.044)	0.166*** (0.043)	0.198*** (0.044)	0.177*** (0.044)	0.308*** (0.088)	0.172*** (0.043)
people	-3.93e-06*** (1.32e-06)	-3.64e-06*** (1.29e-06)	-4.05e-06*** (1.33e-06)	-3.74e-06*** (1.31e-06)	-4.59e-06** (1.99e-06)	-3.63e-06*** (1.28e-06)
age	-0.009*** (0.003)	-0.011*** (0.003)	-0.009*** (0.003)	-0.010*** (0.003)	-0.034*** (0.012)	-0.011*** (0.003)
其余控制变量	√	√	√	√	√	√

续表

变量	（1）saving1	（2）saving2	（3）saving1	（4）saving2	（5）saving1	（6）saving2
常量	−3.490 *** (0.867)	−3.090 *** (0.854)	−3.646 *** (0.871)	−3.186 *** (0.870)	−5.756 *** (1.662)	−3.100 *** (0.853)
Year	√	√	√	√	√	√
Ind	√	√	√	√	√	√
Province	√	√	√	√	√	√
观测值	14502	14502	14502	14502	14502	14502
N	2113	2113	2113	2113	2113	2113
R^2	0.314	0.303	0.323	0.311	0.215	0.311

注："L.$lev1$""L.$lev2$"为滞后一期变量，√表示控制该维度固定效应；*** $p<0.01$，** $p<0.05$，* $p<0.1$；结果最多保留至小数点后三位，括号内数据为标准误。

表7-5　杠杆率增长最快的行业与企业储蓄率回归结果

变量	（1）saving1	（2）saving2	（3）saving1	（4）saving2	（5）saving1	（6）saving2
L.$lev1$	−0.507 *** (0.096)		−0.668 *** (0.107)		−0.675 *** (0.098)	
L.$lev2$		−0.509 *** (0.108)		−0.699 *** (0.126)		−0.707 *** (0.113)
L.$lev1$×B09	−0.402 *** (0.104)					
L.$lev1$×K70			0.570 *** (0.108)			
L.$lev1$×C30					0.384 ** (0.187)	
L.$lev2$×B09		−0.456 *** (0.107)				
L.$lev2$×K70				0.552 *** (0.118)		
L.$lev2$×C30						0.377 * (0.213)

续表

变量	（1）	（2）	（3）	（4）	（5）	（6）
	saving1	saving2	saving1	saving2	saving1	saving2
scale	0.186***	0.166***	0.170***	0.170***	0.187***	0.162***
	(0.044)	(0.043)	(0.043)	(0.043)	(0.043)	(0.043)
people	-3.93e-06***	-3.64e-06***	-3.57e-06***	-3.57e-06***	-3.70e-06***	-3.32e-06***
	(1.32e-06)	(1.29e-06)	(1.27e-06)	(1.27e-06)	(1.29e-06)	(1.27e-06)
age	-0.009***	-0.011***	-0.011***	-0.011***	-0.010***	-0.012***
	(0.003)	(0.003)	(0.003)	(0.003)	(0.003)	(0.003)
其余控制变量	√	√	√	√	√	√
常量	-3.487***	-3.087***	-3.076***	-3.076***	-3.407***	-2.886***
	(0.867)	(0.854)	(0.851)	(0.851)	(0.858)	(0.866)
Year	√	√	√	√	√	√
Ind	√	√	√	√	√	√
Province	√	√	√	√	√	√
观测值	14502	14502	14502	14502	14502	14502
N	2113	2113	2113	2113	2113	2113
R^2	0.314	0.303	0.328	0.315	0.328	0.315

注："L.lev1""L.lev2"为滞后一期变量，√表示控制该维度固定效应；*** $p<0.01$，** $p<0.05$，* $p<0.1$；结果最多保留至小数点后三位，括号内数据为标准误。

对于杠杆率最高的三大行业而言，可以看出杠杆率的攀升均会引起企业储蓄率的显著下降。就显著性水平而言，综合与其他制造业杠杆率变动对于企业储蓄率的驱动作用更加显著，而房屋建筑业杠杆率变动对于企业储蓄率的驱动作用的显著性较弱，房屋建筑业企业倾向于透支内源积累获取更多的短期债务。

对于杠杆率增长最快的三大行业而言，不难看出，企业加杠杆对企业储蓄率均起到显著的驱动作用。但是房地产业与非金属矿物制品业加杠杆对于企业储蓄率的驱动作用为正向。根据理论模型的推导，当企业的资本回报率较高时，企业加杠杆将推升企业储蓄率。而房地产业与非金属矿物制品业具有较高的资本回报率，这样的结果同时反映出杠杆率变动背后的企业异质性行为。

（四）企业异质性影响3——地区差异

地区发展的不平衡性是中国经济的一大特征，由于不同地区之间的企业经营环境不同，企业加杠杆驱动企业储蓄率下降的作用效果在不同地区企业之间可能存在较大差异。据此，本章检验假设 H4。具体地，将中国所有省区市分为东部地区（East）、中部地区（Mid）与西部地区（West）。其中，东部地区包含的省区市为北京、天津、河北、辽宁、上海、江苏、浙江、福建、山东、广东和海南，中部地区包含山西、内蒙古、吉林、黑龙江、安徽、江西、河南、湖北、湖南与广西，西部地区包含四川、重庆、贵州、云南、西藏、陕西、甘肃、青海、宁夏与新疆。相关回归结果如表7-6所示。

表7-6　地区差异与企业杠杆率回归结果

变量	（1）saving1	（2）saving2	（3）saving1	（4）saving2	（5）saving1	（6）saving2
L. lev1	-0.083** (0.195)		0.002 (0.178)		0.094 (0.151)	
L. lev2		-0.041** (0.191)		0.053 (0.178)		0.134 (0.159)
L. lev1×East	-0.247* (0.126)					
L. lev1×Mid			-0.235 (0.170)			
L. lev1×West					-0.180 (0.170)	
L. lev2×East		-0.261** (0.130)				

续表

变量	（1）	（2）	（3）	（4）	（5）	（6）
	*saving*1	*saving*2	*saving*1	*saving*2	*saving*1	*saving*2
L. *lev*2×Mid				−0.264		
				(0.175)		
L. *lev*2×West						−0.178
						(0.183)
scale	0.186 ***	0.303 ***	0.300 ***	0.299 ***	0.305 ***	0.304 ***
	(0.044)	(0.085)	(0.084)	(0.084)	(0.084)	(0.085)
people	−3.93e−06 ***	−4.24e−06 **	−4.19e−06 **	−4.21e−06 **	−4.24e−06 **	−4.27e−06 **
	(1.32e−06)	(1.97e−06)	(1.95e−06)	(1.97e−06)	(1.96e−06)	(1.97e−06)
age	−0.009 ***	−0.160 ***	−0.162 ***	−0.161 ***	−0.159 ***	−0.160 ***
	(0.003)	(0.050)	(0.051)	(0.051)	(0.050)	(0.050)
其余控制变量	√	√	√	√	√	√
常量	−5.996 *	−5.983 *	−5.836 *	−5.819 *	−6.058 *	−6.033 *
	(3.365)	(3.366)	(3.360)	(3.359)	(3.369)	(3.370)
Year	√	√	√	√	√	√
Ind	√	√	√	√	√	√
Province	√	√	√	√	√	√
观测值	14502	14502	14502	14502	14502	14502
N	2113	2113	2113	2113	2113	2113
R^2	0.238	0.238	0.235	0.235	0.236	0.236

注："L. *lev*1""L. *lev*2"为滞后一期变量，√表示控制该维度固定效应；*** $p<0.01$，** $p<0.05$，* $p<0.1$；结果最多保留至小数点后三位，括号内数据为标准误。

如表 7-6 所示，企业加杠杆驱动企业储蓄率下降的作用效果在不同地区企业之间确实存在较大差异。在控制行业和年份固定效应后，本章发现只有东部地区企业杠杆率攀升对于企业储蓄率下降具有显著影响，而在其余地区该规律并不显著。可能的解释是中西部地区面临的外部融资约束较大，长期依靠内源融资，企业加杠杆对企业储蓄率的传导机制并不通畅。

第四节　稳健性检验

为增强实证结果的说服力，本章采取以下六种方法进行稳健性检验和进一步的探索。具体包括：构建交乘项、改变分组回归方法、改变被解释变量、改变解释变量、改变估计方法、扩大样本年份。

一　稳健性检验：构建交乘项

首先构建交乘项企业杠杆率×内部融资依赖度，其背后的逻辑是杠杆率越高且内部融资依赖度越高的企业，其加杠杆越容易引起企业储蓄率的下降。其次构建交乘项企业杠杆率×资本账户开放度指数的倒数，其背后的逻辑是在外部融资约束下，资本账户开放度指数越低且杠杆率越高的企业，加杠杆越容易引起企业储蓄率的下降。构建交乘项的回归结果如表 7-7 所示。

表 7-7　"稳健性检验：构建交乘项"回归结果（2008~2019 年）

变量名称	(1)	(2)	(3)	(4)	(5)	(6)
	$saving1$	$saving2$	$saving1$	$saving2$	$saving1$	$saving2$
$lev1 \times dependence\_$ $inside$	-0.498 *** (0.113)					
$lev2 \times dependence\_$ $inside$		-0.503 *** (0.137)				
L. $lev1 \times dependence\_$ $inside$			-0.263 *** (0.040)			
L. $lev2 \times dependence\_$ $inside$				-0.188 *** (0.048)		
$lev1 \times 1/kaopen$ $index$					-60.040 *** (3.845)	

变量名称	（1）	（2）	（3）	（4）	（5）	（6）
	$saving1$	$saving2$	$saving1$	$saving2$	$saving1$	$saving2$
L. $lev1×1/kaopen$ $index$						-88.670^{***} (11.210)
控制变量	√	√	×	×	√	√
$company$	cluster	cluster	cluster	cluster	cluster	cluster
Ind	√	√	×	×	√	√
$Province$	√	√	×	×	√	√
观测值	14502	14502	14502	14502	14502	14502
R^2	0.318	0.317	0.218	0.216	0.902	0.715

注："L. $lev1$""L. $lev2$"为滞后一期变量，√表示控制该维度固定效应，×为未控制该维度固定效应，cluster为聚类；*** $p<0.01$；结果保留至小数点后三位；括号内数据为标准误。

结合表7-7中第（1）～（6）列的回归结果可知，无论引入内部融资依赖度的交乘项还是资本账户开放度指数的倒数的交乘项，均验证了本章之前的判断，即企业加杠杆显著驱动企业储蓄率下降，这表明中国非金融企业存在以下显著的特征规律：一是对于内部融资依赖度越强的企业，加杠杆对企业储蓄率的下行推动作用越大；二是资本账户开放度指数与企业加杠杆对于企业储蓄率的驱动程度成反比。这表明本章的实证结果是较为稳健的。

二 稳健性检验：改变分组回归方法

在上一节中，笔者在验证涉及企业所有制差异、所属行业差异与地区差异的异质性样本回归结果时使用引入交乘项的方法。在此，笔者将总样本分组进行回归。企业所有制层面，对国有企业（国企）、民营企业（民企）与混合制企业（混合制）进行分组回归；行业层面，将杠杆率最高的三大行业与杠杆率增长最快的三大行业进行分组回归；地区层面，将企业按照省区市划分为东部、中部与西部地区进行分组回归。

企业所有制异质性影响回归结果、行业异质性影响回归结果与地区异质性影响回归结果均支持上一节的实证结果（见表7-8至表7-11），主要解释变量未发生显著改变，这表明本章实证结果具有稳健性。

表7-8　"稳健性检验：企业所有制异质性影响"回归结果（2008~2019年）

变量	（1） saving1	（2） saving2	（3） saving1	（4） saving2	（5） saving1	（6） saving2
L. lev1	−0.842*** （0.022）		−0.906*** （0.0899）		−0.906*** （0.014）	
L. lev2		−0.891*** （0.024）		−1.033 （0.018）		−1.033*** （0.018）
L. lev1×国企	−0.112*** （0.027）					
L. lev1×民企			−0.4958 （0.127）			
L. lev1×混合制					−0.022 （0.694）	
L. lev2×国企		−0.305** （0.033）				
L. lev2×民企				0.598 （1.101）		
L. lev2×混合制						0.069 （0.789）
其余控制变量	√	√	√	√	√	√
常量	−5.783*** （0.427）	−5.491*** （0.431）	−5.831*** （0.431）	−5.712*** （0.667）	−5.826*** （0.432）	−5.461*** （0.437）
Year	√	√	√	√	√	√
Ind	√	√	√	√	√	√
Province	√	√	√	√	√	√
观测值	19743	19743	19743	19743	19743	19743
R^2	0.391	0.396	0.379	0.371	0.379	0.371

注："L. lev1""L. lev2"为滞后一期变量，√表示控制该维度固定效应；*** $p<0.01$，** $p<0.05$；结果最多保留至小数点后三位；括号内数据为标准误。

表 7-9 "稳健性检验：杠杆率最高行业异质性影响"回归结果（2008~2019 年）

变量	（1）	（2）	（3）	（4）	（5）	（6）
	*saving*1	*saving*2	*saving*1	*saving*2	*saving*1	*saving*2
L. *lev*1	-0.906 ***		-0.906 ***		-0.905 ***	
	（0.014）		（0.014）		（0.014）	
L. *lev*2		-1.033 ***		-1.034 ***		-1.033 ***
		（0.018）		（0.018）		（0.018）
L. *lev*1×S90	-0.478 **					
	（0.204）					
L. *lev*1×E47			-0.055 *			
			（0.561）			
L. *lev*1×C41					-0.164 *	
					（0.392）	
L. *lev*2×S90		-0.540 **				
		（0.582）				
L. *lev*2×E47				-0.692 *		
				（0.459）		
L. *lev*2×C41						-0.993 **
						（0.303）
其余控制变量	√	√	√	√	√	√
常量	-5.822 ***	-5.454 ***	-5.825 ***	-5.458 ***	-5.832 ***	-5.456 ***
	（0.431）	（0.437）	（0.431）	（0.437）	（0.432）	（0.853）
Year	√	√	√	√	√	√
Ind	√	√	√	√	√	√
Province	√	√	√	√	√	√
观测值	19743	19743	19743	19743	19743	19743
R^2	0.379	0.371	0.379	0.372	0.379	0.371

注："L. *lev*1""L. *lev*2"为滞后一期变量，√表示控制该维度固定效应；*** $p<0.01$，** $p<0.05$，* $p<0.1$；结果最多保留至小数点后三位；括号内数据为标准误。

表 7-10　"稳健性检验：杠杆率增长最快行业异质性影响"回归结果（2008~2019 年）

变量	（1）	（2）	（3）	（4）	（5）	（6）
	$saving1$	$saving2$	$saving1$	$saving2$	$saving1$	$saving2$
L. $lev1$	-0.906***		-0.709***		-0.814***	
	(0.014)		(0.107)		(0.019)	
L. $lev2$		-1.034***		-0.933***		-0.734***
		(0.018)		(0.104)		(0.131)
L. $lev1$×B09	-0.955*					
	(0.104)					
L. $lev1$×K70			0.622***			
			(0.108)			
L. $lev1$×C30					0.172**	
					(0.376)	
L. $lev2$×B09		-1.532**				
		(0.672)				
L. $lev2$×K70				-0.729*		
				(0.118)		
L. $lev2$×C30						-0.374*
						(0.437)
其余控制变量	√	√	√	√	√	√
常量	-5.823***	-5.467***	-5.826***	-5.461***	-5.821***	-5.453***
	(0.431)	(0.437)	(0.379)	(0.417)	(0.432)	(0.497)
Year	√	√	√	√	√	√
Ind	√	√	√	√	√	√
Province	√	√	√	√	√	√
观测值	19743	19743	19743	19743	19743	19743
R^2	0.378	0.371	0.378	0.371	0.379	0.372

注："L. $lev1$""L. $lev2$"为滞后一期变量，√表示控制该维度固定效应；*** $p<0.01$，** $p<0.05$，* $p<0.1$；结果最多保留至小数点后三位；括号内数据为标准误。

表 7-11　"稳健性检验：地区异质性影响" 回归结果（2008~2019 年）

变量	(1)	(2)	(3)	(4)	(5)	(6)
	saving1	saving2	saving1	saving2	saving1	saving2
L.lev1	-0.829***		-0.912***		-0.904***	
	(0.019)		(0.015)		(0.014)	
L.lev2		-1.032***		-1.049***		-1.032***
		(0.027)		(0.019)		(0.018)
L.lev1×East	-0.175***					
	(0.026)					
L.lev1×Mid			0.171			
			(0.057)			
L.lev1×West					-0.171*	
					(0.094)	
L.lev2×East		-0.002**				
		(0.033)				
L.lev2×Mid				0.323		
				(0.065)		
L.lev2×West						-0.148
						(0.115)
其余控制变量	√	√	√	√	√	√
常量	-5.856***	-5.462***	-5.822***	-5.467***	-5.833***	-5.461***
	(0.431)	(0.437)	(0.431)	(0.437)	(0.431)	(0.437)
Year	√	√	√	√	√	√
Ind	√	√	√	√	√	√
Province	√	√	√	√	√	√
观测值	19743	19743	19743	19743	19743	19743
R^2	0.385	0.371	0.378	0.371	0.380	0.372

注："L.lev1" "L.lev2" 为滞后一期变量，√表示控制该维度固定效应；*** $p<0.01$，** $p<0.05$，* $p<0.1$；结果最多保留至小数点后三位；括号内数据为标准误。

三 稳健性检验：改变被解释变量

为进一步验证回归结果的稳健性，本章采取改变被解释变量的方法进行稳健性检验，引入新的企业储蓄率的替代指标：股东权益/总资产（*saving*3）、股东权益/有形资产（*saving*4）。

在替代企业储蓄率指标后，不难发现，在 0.05 的显著性水平下，企业杠杆率攀升仍显著驱动企业储蓄率下降（见表 7-12），表明本章的实证结果较为稳健。

表 7-12　"稳健性检验：改变被解释变量"回归结果（2008~2019 年）

变量	（1）	（2）	（3）	（4）
	*saving*3	*saving*4	*saving*3	*saving*4
*lev*1	-0.999***	-1.140***		
	（0.000）	（0.096）		
L. *lev*1			-0.364**	-0.441**
			（0.156）	（0.188）
scale	-0.007***	0.031***	0.031	0.095
	（0.001）	（0.007）	（0.058）	（0.081）
people	1.17e-07	-1.03e-06***	-1.29e-06	-2.71e-06
	（7.51e-08）	（3.14e-07）	（1.17e-06）	（1.67e-06）
age	0.001**	-0.004	0.016***	0.008
	（0.000）	（0.003）	（0.005）	（0.007）
stock	-0.003	-0.076	-0.394**	-0.540**
	（0.010）	（0.053）	（0.158）	（0.226）
cycle	2.17e-08	-2.05e-08	5.93e-07	7.31e-07
	（1.29e-07）	（8.03e-07）	（1.01e-06）	（1.55e-06）
interest_spending	-3.76e-07	-3.05e-05	-3.62e-05	-7.55e-05
	（1.78e-06）	（3.49e-05）	（4.77e-05）	（9.38e-05）
interestrate market index	0.010*	0.153***	0.362***	0.425***
	（0.005）	（0.037）	（0.118）	（0.165）
GDP growth	0.001***	0.001	-0.002	0.001
	（0.000）	（0.001）	（0.004）	（0.005）

续表

变量	（1）	（2）	（3）	（4）
	*saving*3	*saving*4	*saving*3	*saving*4
kaopen index	−8.20e−05	−0.000	−0.012**	−0.011
	（0.000）	（0.001）	（0.005）	（0.007）
dependence_inside	−0.004***	−0.003	−0.066**	−0.077**
	（0.001）	（0.008）	（0.026）	（0.035）
dependence_outside	−4.97e−08	4.13e−07	2.33e−06	2.66e−06
	（2.60e−07）	（1.30e−06）	（3.98e−06）	（5.40e−06）
常量	1.058***	−0.118	−0.276	−2.183
	（0.042）	（0.494）	（1.091）	（1.570）
company	cluster	cluster	cluster	cluster
Ind	√	√	√	√
Province	√	√	√	√
观测值	14502	14502	14502	14502
R^2	0.999	0.970	0.123	0.118

注："L.*lev*1" 为滞后一期变量，*company* 为企业，√ 表示控制该维度固定效应，cluster 为聚类；*** $p<0.01$，** $p<0.05$，* $p<0.1$；结果最多保留至小数点后三位；括号内数据为标准误。

四 稳健性检验：改变解释变量

解释变量方面，由于企业利润率也是企业杠杆率变动的重要影响因素，本章在进行回归时引入新的解释变量——资产收益率（ROA），相关回归结果如表 7-13 所示。

表 7-13 "稳健性检验：改变解释变量" 回归结果 （2008~2019 年）

变量	（1）	（2）	（3）	（4）
	*saving*1	*saving*2	*saving*1	*saving*2
*lev*1	−1.256***			
	（0.102）			

续表

变量	(1) saving1	(2) saving2	(3) saving1	(4) saving2
$lev2$		−1.740*** (0.340)		
L. $lev1$			−0.277*** (0.012)	
L. $lev2$				−0.267*** (0.013)
$scale$	0.255*** (0.042)	0.226*** (0.057)	0.212*** (0.008)	0.205*** (0.008)
$people$	−1.90e−06** (8.13e−07)	−1.09e−06 (1.07e−06)	−2.95e−06*** (7.21e−07)	−2.86e−06*** (7.24e−07)
age	−0.055*** (0.010)	−0.050*** (0.013)	−0.036*** (0.007)	−0.037*** (0.007)
$stock$	0.493*** (0.060)	0.602*** (0.115)	0.147*** (0.050)	0.145*** (0.051)
$cycle$	−0.000*** (6.16e−05)	−0.000*** (6.16e−05)	−0.000*** (1.67e−06)	−0.000*** (1.68e−06)
$interest\_spending$	−4.28e−05 (6.40e−05)	−4.77e−05 (7.45e−05)	−0.000*** (3.40e−05)	−0.000*** (3.41e−05)
$interestrate\ market\ index$	−0.138 (0.098)	0.043 (0.155)	0.224* (0.130)	0.209 (0.130)
$GDP\ growth$	−0.009*** (0.003)	−0.014*** (0.004)	−0.014** (0.006)	−0.015** (0.006)
$kaopen\ index$	0.006** (0.003)	0.002 (0.003)	−0.002 (0.003)	−0.001 (0.003)
ROA	−0.078 (0.130)	1.121*** (0.295)	1.458*** (0.008)	1.457*** (0.008)
$dependence\_inside$	0.037* (0.021)	0.078** (0.035)	0.041*** (0.014)	0.041*** (0.014)
$dependence\_outside$	−1.16e−05 (1.14e−05)	−1.63e−05 (1.54e−05)	−1.70e−05*** (5.57e−06)	−1.71e−05*** (5.59e−06)
常量	−4.660*** (0.844)	0.226*** (0.057)	−3.911*** (0.187)	−3.776*** (0.188)

变量	（1）	（2）	（3）	（4）
	*saving*1	*saving*2	*saving*1	*saving*2
company	cluster	cluster	cluster	cluster
Ind	√	√	×	×
Province	√	√	×	×
观测值	14502	14502	14502	14502
R^2	0.908	0.822	0.789	0.787

注："L.*lev*1""L.*lev*2"为滞后一期变量，*company*为企业，√表示控制该维度固定效应，×为未控制该维度固定效应，cluster为聚类；*** $p<0.01$，** $p<0.05$，* $p<0.1$；结果最多保留至小数点后三位；括号内数据为标准误。

如表7-13所示，在第（1）~（4）中，企业杠杆率影响企业储蓄率的作用方向与显著性并没有因为加入新的解释变量而发生变动，进而再次证明本章的实证结果是稳健的。

五　稳健性检验：改变估计方法

本章采取改变估计方法，使用分位数回归进行稳健性检验。企业杠杆率在0.1、0.25、0.5、0.75和0.9分位数（分别用*q*10、*q*25、*q*50、*q*75、*q*90表示）的回归结果如表7-14、表7-15所示。

表 7-14　稳健性检验——分位数回归 1 结果

变量	（1）	（2）	（3）	（4）	（5）
	*q*10	*q*25	*q*50	*q*75	*q*90
*lev*1	-1.199***	-0.806***	-0.572***	-0.587***	-0.674***
	(0.121)	(0.123)	(0.052)	(0.027)	(0.017)
scale	0.117***	0.073***	0.037***	0.030***	0.034***
	(0.009)	(0.010)	(0.004)	(0.002)	(0.001)

续表

变量	（1） q10	（2） q25	（3） q50	（4） q75	（5） q90
people	−1.14e−06*** （2.09e−07）	−7.57e−07*** （1.34e−07）	−3.26e−07*** （6.79e−08）	−1.16e−07*** （3.80e−08）	−2.50e−07*** （2.14e−08）
age	−0.001 （0.001）	0.001 （0.001）	0.001*** （0.000）	0.001*** （0.000）	0.002*** （0.000）
stock	0.425*** （0.062）	0.244*** （0.053）	0.134*** （0.021）	0.084*** （0.012）	0.058*** （0.008）
cycle	−0.000** （0.000）	−9.65e−05 （0.000）	−9.71e−07 （1.64e−05）	4.88e−08 （2.07e−06）	−6.68e−07 （4.22e−06）
interest_spending	−0.00 （0.001）	−0.000 （0.000）	5.41e−06 （4.22e−05）	1.34e−06 （2.58e−05）	7.50e−06 （1.43e−05）
interestrate market index	0.165 （0.145）	0.038 （0.059）	0.034 （0.041）	0.013 （0.036）	−0.008 （0.045）
GDP growth	−0.024*** （0.007）	−0.012*** （0.004）	−0.003** （0.001）	0.004** （0.002）	0.005*** （0.002）
kaopen index	−0.006*** （0.002）	−0.003*** （0.001）	−0.001 （0.001）	0.001 （0.000）	0.001 （0.001）
dependence_ inside	0.108*** （0.009）	0.063*** （0.009）	0.035*** （0.003）	0.020*** （0.002）	0.010*** （0.003）
dependence_ outside	−3.50e−05 （5.36e−05）	−3.01e−05 （2.94e−05）	−1.26e−07 （5.92e−06）	7.22e−08 （3.55e−06）	1.30e−06 （4.12e−06）
常量	−1.814*** （0.196）	−1.038*** （0.200）	−0.428*** （0.085）	−0.309*** （0.058）	−0.282*** （0.033）
观测值	14502	14502	14502	14502	14502

注：*** $p<0.01$，** $p<0.05$；结果最多保留至小数点后三位；括号内数据为标准误。

表 7−15 稳健性检验——分位数回归 2 结果

变量	（1） q10	（2） q25	（3） q50	（4） q75	（5） q90
L. *lev*1	−0.897*** （0.053）	−0.583*** （0.050）	−0.462*** （0.024）	−0.480*** （0.022）	−0.517*** （0.029）

续表

变量	（1）	（2）	（3）	（4）	（5）
	q10	q25	q50	q75	q90
scale	0.1020 ***	0.056 ***	0.031 ***	0.023 ***	0.026 ***
	（0.004）	（0.005）	（0.002）	（0.002）	（0.002）
people	$-1.35e-06$ ***	$-6.59e-07$ ***	$-2.69e-07$ ***	$-1.88e-08$	$-1.57e-07$ ***
	（1.77e$-$07）	（9.64e$-$08）	（8.58e$-$08）	（2.84e$-$08）	（3.35e$-$08）
age	-0.001 ***	0.000	0.001 ***	0.002 ***	0.003 ***
	（0.000）	（0.000）	（0.000）	（0.000）	（0.000）
stock	0.276 ***	0.136 ***	0.079 ***	0.041 ***	0.002
	（0.026）	（0.020）	（0.009）	（0.005）	（0.012）
cycle	-0.000 **	-0.000 **	$-6.34e-07$	$-1.36e-06$	$-4.02e-07$
	（0.000）	（0.000）	（1.72e$-$05）	（2.82e$-$06）	（6.89e$-$06）
interest_spending	-0.001 **	-0.000	6.99e$-$06	5.83e$-$06	1.34e$-$05
	（0.000）	（0.000）	（6.73e$-$05）	（3.00e$-$05）	（2.45e$-$05）
interestrate market index	0.441 ***	0.172 ***	0.039	-0.031	-0.124
	（0.123）	（0.055）	（0.043）	（0.069）	（0.078）
GDP growth	-0.001	0.001	0.004 **	0.006 ***	0.003
	（0.006）	（0.003）	（0.002）	（0.002）	（0.003）
kaopen index	-0.008 ***	-0.003 ***	-0.000	0.002	0.003 **
	（0.002）	（0.001）	（0.001）	（0.001）	（0.001）
dependence_inside	0.089 ***	0.051 ***	0.034 ***	0.028 ***	0.019 ***
	（0.010）	（0.005）	（0.003）	（0.002）	（0.003）
dependence_outside	$-5.61e-05$	$-2.42e-05$	$-4.55e-07$	$-2.13e-06$	$-6.69e-07$
	（4.97e$-$05）	（4.19e$-$05）	（1.01e$-$05）	（5.30e$-$06）	（3.66e$-$06）
常量	-1.829 ***	-0.905 ***	-0.435 ***	-0.255 ***	-0.230 ***
	（0.142）	（0.109）	（0.054）	（0.047）	（0.058）
观测值	14502	14502	14502	14502	14502

注：*** $p<0.01$，** $p<0.05$；结果最多保留至小数点后三位；括号内数据为标准误。

由表7-14、表7-15的回归结果可知，非金融企业加杠杆驱动企业储蓄率显著下行的规律普遍存在于具有任何水平的杠杆率的企业中，不难看出，杠杆率越高的企业（特别是杠杆率在前25%的企业）

加杠杆对企业储蓄率下行的驱动作用越大。这再次证明本章的实证结果较为稳健。

六 稳健性检验：扩大样本年份

2017 年后，随着"三去一降一补"政策的密集出台，中国非金融企业杠杆率增速放缓甚至有所下降，与此同时，中国经常账户规模缩减速度有所下降，企业储蓄率有所反弹，但是对于不同企业，杠杆率分化的情况依然较为突出，考虑到数据可得性，笔者使用扩大样本年份（2008~2019 年）的方法对全样本、区分企业所有制样本、区分行业样本、划分地区样本分别进行稳健性检验，发现企业加杠杆对企业储蓄率的削减效应的显著性有所下降，国企加杠杆依然加快了企业储蓄率的下降，企业加杠杆对企业储蓄率的下降效果在东部地区仍较为显著，但是杠杆率较高行业的企业加杠杆对企业储蓄率的驱动作用有所下降（见表 7-16）。这一方面表明了本章实证结果的稳健性，另一方面说明"去杠杆、防风险"政策具有显著效果。

表 7-16　"稳健性检验：全样本回归"结果（2008~2019 年）

变量	(1)	(2)	(3)	(4)	(5)	(6)
	*saving*1	*saving*2	*saving*1	*saving*2	*saving*1	*saving*2
*lev*1	-1.852*** (0.034)	-1.773* (1.655)				
*lev*2			-2.733*** (0.046)	-2.943 (2.279)		
L.*lev*1					-0.906*** (0.014)	
L.*lev*2						-1.033*** (0.018)
企业层面变量	√	√	√	√	√	√

续表

变量	（1）	（2）	（3）	（4）	（5）	（6）
	*saving*1	*saving*2	*saving*1	*saving*2	*saving*1	*saving*2
interestrate market index	−0.934	−256.23**	−0.941	−256.16**	0.213	0.269
	（2.405）	（115.42）	（2.382）	（115.42）	（0.8677）	（0.8819）
GDP growth	−0.037	13.63	0.011	13.69	0.0809	0.0841
	（0.191）	（9.206）	（0.189）	（9.207）	（0.018）	（0.018）
kaopen index	0.014	6.609**	0.018	6.615**	−0.000	−0.001
	（0.006）	（3.166）	（0.065）	（3.166）	（0.002）	（0.017）
dependence_inside	0.005	2.444	0.042	2.491	0.092***	0.096***
	（0.076）	（3.685）	（0.076）	（3.686）	（0.024）	（0.024）
dependence_outside	0.000***	0.000	0.000***	0.001	−0.000***	0.000***
	（0.000）	（0.002）	（0.000）	（0.002）	（1.01e-05）	（1.01e-05）
常量	−7.426**	−225.44***	−6.675**	−224.69***	−5.825***	−5.460***
	（3.409）	（163.63）	（3.376）	（163.63）	（0.431）	（0.437）
Ind	√	√	√	√	√	√
Province	√	√	√	√	√	√
company	cluster	cluster	cluster	cluster	cluster	cluster
观测值	22442	22442	22442	22442	22442	22442
R^2	0.266	0.267	0.273	0.156	0.379	0.371

注："L.*lev*1""L.*lev*2"为滞后一期变量，*company*为企业，√表示控制该维度固定效应，cluster为聚类； *** $p<0.01$， ** $p<0.05$， * $p<0.1$；结果最多保留至小数点后三位；括号内数据为标准误。

第五节　结论与政策启示

本章考察了非金融企业杠杆率、企业储蓄率与中国经常账户盈余之间的内在逻辑关系。基于 2008 年全球金融危机发生后中国非金融企业杠杆率显著攀升与企业储蓄率、经常账户盈余阶段式下降的特征事实，笔者认为危机后非金融企业快速加杠杆显著驱动了中国经常账户盈余的缩减，而企业储蓄率在其中发挥了核心中介作用，其背后的逻辑为：危机后的货币政策环境相对更加宽松，融资约束有所减少，非金融企业显著加杠杆，并减少使用内源资金进行融资，预防性储蓄动机减弱，导致以留存收益为代表的储蓄资金被更多用于股利分配等财务支出活动，企业储蓄率因此下降，而企业储蓄率的下降会进一步收窄储蓄－投资缺口，最终导致经常账户盈余下降。

具体而言，本章首先构建理论模型，揭示了非金融企业通过加杠杆降低企业储蓄率进而驱动外部盈余减少的作用机制，使用CSMAR 数据库中 2008~2017 年中国非金融上市企业数据，进一步从微观视角揭示了企业储蓄率变动背后的企业异质性行为。

实证结果发现，不同企业杠杆率指标对企业储蓄率下降的驱动效果存在差异，相对总量负债，流动性负债增加对企业储蓄率的下行刺激作用更大。另外，企业异质性因素会影响非金融企业加杠杆驱动企业储蓄率下降的作用效果。其中，国有企业加杠杆主导此轮企业储蓄率快速下降，而混合制企业与民营企业加杠杆对于企业储蓄率的下行驱动效果不显著；同时，企业所属行业、地区差异等也具有异质性影响。总体而言，本章为 2008 年全球金融危机发生后中国经常账户的加速调整提供了新的理论解释和实证证据。

本章结论同时具有较强的政策启示。①进行有针对性的结构性去杠杆可能更加有效，一方面应通过"去杠杆"实现产业结构性调整和经济发展方式的根本转变；另一方面应积极出台针对不同地区、行业、企业类型的定向借贷政策，规范企业的投融资行为。②对于国有企业而言，结构性去杠杆更为关键，国有企业市场化改革可能会在一定程度上增加企业储蓄积累，有利于防范系统性金融风险，并提高资金配置效率，缓冲对外部门风险。③应加快利率市场化改革，拓宽企业融资渠道，打破要素跨地区、跨行业流通的壁垒，缓解私企和小型民企面临的内源融资约束。④应加强对储备资产的管理，优化外汇储备结构，增强储蓄对对外部门的缓冲器作用。

第八章　结论与政策建议

第一节　结论

一国的外部失衡及调整关乎各国经济增长与可持续发展前景。本书聚焦于2008年金融危机爆发后的全球失衡调整，探索了全球失衡调整呈现的典型事实，论证了此轮失衡的改善是否具有可持续性，并挖掘了中国国际收支调整的驱动因素及异质性特征，建立了合适的理论框架，采用多种研究方法展开了翔实的分析，主要结论如下。

第一，2008年全球金融危机爆发后，全球失衡呈现流量与存量的非对称调整，主要经济体流量失衡有所缓解，存量失衡仍继续加剧，中国经常账户盈余的缩减与欧洲债务国赤字的下降在本轮经常账户流量调整中发挥关键作用。储蓄-投资缺口的调整、实际有效汇率的变动及全球价值链分工的变迁均是全球经常账户调整的驱动因素。美国经常账户调整的主要驱动因素是居民部门储蓄率的提升；中国经常账户的主要驱动因素是危机后的新一轮基建、房地产投资浪潮，以及人民币实际有效汇率的显著升值；日本经常账户的调整主要源于居民部门和政府部门储蓄率的变动；欧元区整体虽然不存在严重的经常账户失衡，但区内各国之间的失衡依然较为严重。要长期缓解全球失衡、实现全球经常账户再平衡，各国要通过国内经济政策的调整避免储蓄-投资缺口的重新扩大，继续推动实际有效汇率沿着正确方向调整，以及基于自身比较优势挖掘在全球价值链方面的提升潜力。若想实现全球失衡的可持续改善，一国需要按照全球失衡理想路径演进，即满足以下两点：其一，一定时间内发生基于流量和存量失衡状况的有效改善，但不包括存流量逆转调整过度的情况；其二，失衡国逆差减少（或顺差增加）能够有效转化为净国外资产的累积投资收益，或者盈余国顺差减少（或出现逆差），但投资收益并未显著缩减，即投资收益持续提升、经常账户内部结构优化以及国民福利整体改善。

第二，根据此轮危机后出现全球经常账户显著调整的特征事实，笔者采用 EBA 经常账户法及存流量调整分析框架，论证了全球失衡调整的可持续性。2008 年金融危机后，结构性因素是影响发达国家经常账户变动的显著因素，但结构性因素积极改善却加剧而非缩小了发达国家的经常账户失衡，周期性因素则是发展中国家经常账户失衡改善的显著因素。这说明，危机后各国均未做出有利于经常账户再平衡的积极结构性调整。从存流量调整分析框架来看，大部分国家并未实现存量与流量失衡的双重改善，少数改善的国家此轮调整则归因于不稳定的估值效应。这意味着，基于发达国家未进行积极的结构性改革，人口变量对经常账户失衡的负向驱动作用短时间内难以改变，而由于世界经济增长速度放缓，"中心-外围"的发展格局难以打破，驱动发展中国家近年来经常账户失衡改善的周期性因素——产出缺口占 GDP 比重难以为继。随着全球经济的周期性复苏，全球经常账户失衡的问题很可能卷土重来，再度成为热门话题。而一旦全球失衡再度加剧，就可能引发国际贸易与投资的争端和冲突，并加剧全球范围内的贸易保护与投资压力。

第三，2008 年全球金融危机爆发后，中国经常账户顺差显著缩减。本书从贸易结构转变、行业层面调整、储蓄-投资缺口的缩小、实际有效汇率升值等视角出发，解释了中国经常账户调整的原因及由正转负长期趋势的形成。受全球经济放缓及中美贸易摩擦不确定性的持久影响，未来中国经常账户仍可能再次出现季度逆差。一旦经常账户顺差消失，将对出口拉动的中国经济构成显著下行压力；长期还将导致国内资产价格的波动性上升；同时，央行货币政策操作框架也将发生深刻改变。新冠疫情发生后，中国国际收支总体上维持着"一顺一逆"格局，国际收支基本平衡，国际投资头寸稳步增加，但也表现出经常账户盈余积累动力有所疲软、非储备性质金融账户波动性上升、储备资产存流量呈现背离、净误差与遗漏项流出规模显著的结构性特征。中国国际收支的变化将对国内宏观经济构成一定的潜在影响。展望未来 1~2 年，中国国际收支大概率将呈现经常账户顺差小幅缩减、非储备性质金融账户季度余额变动不居、储备资产小幅缩减、误差与遗漏项净流出的结构性特征，年度数据有望继续维持"一顺一逆"的格局。为进一步改善国际收支状况，未来应加强人民币汇率形成机制改革、稳慎推进资本账户开放、将宏观审慎政策与资本流动管理有机结合起来、完善金融风险监测预警系统。

第四，储蓄-投资缺口收窄是 2008 年金融危机后中国经常账户规模显著缩小的成因之一。基于危机后中国企业杠杆率显著攀升与公司储蓄阶段式下降的特征事实，笔者猜想此轮中国经常账户盈余缩减可能与非金融企业加杠杆进而驱动公司储蓄率下降有关。通过构建理论模型，运用 CSMAR 数据库，进一步从微观层面验证了企业加杠杆驱动公司储蓄率下降这一中间机制的存在，揭示了经常账户调整背后企业层面的异质性储蓄行为。实证结果发现，不同杠杆率指标对储蓄率下降的驱动效果存在差异，相对总量负债，流动负债增加对企业储蓄率下行刺激更大；企业所有制类型、所属行业、地区差异也关乎企业加杠杆驱动储蓄率下降的作用效果。

第二节　政策建议

一　深化经济结构调整，优化国际收支结构

良好的收支结构将在实现国际收支平衡的基础上改善国民福利，根据本书研究，各国不应将全球失衡的解决寄托于经济周期或他国的积极改革上，而应注重深化本国经济结构调整、优化国际收支结构。具体而言，各国应努力向全球失衡调整的理想路径靠拢，并向危机后收支结构显著改善的国家吸取经验，例如澳大利亚。

澳大利亚的经常账户赤字与债务存量在危机后均出现显著调整（缩小），并且中期内呈现进一步调整的趋势，这主要得益于澳大利亚显著走强的贸易条件以及包括天然气在内的新能源出口的飞跃上升。同时，依据 2017 年 IMF 外部平衡评估（EBA）报告的分析结果，澳大利亚经常账户主要由澳大利亚本身经济政策因素驱动，同时澳大利亚元实际有效汇率的显著贬值，以及澳大利亚和美国长期维持一定的利差加速了澳大利亚国际收支积极改善。

不可忽视的是，澳大利亚的外部收支改善与本身做出的积极结构性调整同样高度相关，这些调整有效优化了澳大利亚经济基本面。一是政府采取支持充分就业的经济政策，并将通胀率控制在目标区间，政府鼓励基础设施投资并提振私人消费和投资，为澳大利亚改善贸易

条件奠定了稳定的基础。二是政府采取积极的财政政策，致力于在中期内实现财政盈余目标，并坚持货币政策独立性，减轻金融危机通过对外部门对国内经济构成不利冲击。三是中央银行采取了一系列宏观审慎监管政策，包括控制银行涉房贷款增长率、建立高风险银行信贷预警指标，并提高风险准备金比例。四是实施改善国际收支结构的种种调整，有效降低了货币错配带来债务存量增加的风险，并积极发展多边贸易关系。

同时，从第二章的特征事实中可以看出，将储蓄有效转化为投资是实现全球经济再平衡的途径之一；从第三章实证结论中我们不难看出，人口增速、财政类的变量长期驱动一国经常账户的演进。一国外部平衡是内部平衡的反映，因此各国应当建立长效发展机制，促进人口平稳增长、控制过快增长的财政赤字并出台提振投资的积极财政政策和货币政策。

二 发展多边贸易往来，调整产业结构

要实现全球经常账户的长期平衡，除各国自身努力之外，加强各国之间的政策协调与合作也是当务之急。当前全球地缘政治冲突不断、国内民粹主义与孤立主义情绪正在抬头，如何加强各国的政策协调与沟通合作，避免大规模贸易冲突甚至政治军事冲突的爆发，也是考验各国领导人勇气、智慧与决心的一大挑战。

近年来，自从美国特朗普政府执政以来，全球贸易呈现单边主义的趋势。特朗普政府引导美国贸易政策发生极大程度的转向，其一是放弃多边主义的贸易协定，回归双边主义贸易谈判，重新确立在国际贸易中的责任与义务，例如在2017年初特朗普签署行政令，宣布退出TPP；此后，展开了多轮针对北美自由贸易协定的谈判；在世贸组织会

议上多次质疑现行规则，并且不承认某些国家为发展中国家的地位。其二是采取贸易保护主义，上调中国和欧盟等贸易伙伴关税。特朗普政府将本国贸易赤字归结于他国之咎，并签署相关行政令，例如要求确立一个保证正确收缴反倾销和反补贴税的计划、签订维护美国对外贸易权益的行政令（解决美国贸易协定中的违约与滥用，指示美国商务部长和贸易代表对所有与美国有贸易和投资协定的国家或国际组织进行表现评估；决定设立"贸易及制造业政策办公室"，维护和服务美国工人和国内的制造业厂商）。此外，特朗普政府运用汇率工具实施贸易保护主义，一度将中国列入"汇率操纵国"之列。但是，上述举措并未有效显著降低美国的贸易赤字。

美国将本国外部失衡转嫁给他国的措施不仅不会缓解经常账户失衡，而且将产生巨大的福利损失。唯有在全球化进程中调整自身产业机构，顺应产业链特征，才能从根本上化解失衡。

三　优化对外资产与负债结构，提高国民福利

一国实现经常账户调整的同时需要优化对外资产与负债结构，将经常账户盈余转化为净国外资产的积累或减少赤字及负债。危机后，少数国家发生了有利于自身福利改善的国际收支演进，其归因于优化国外资产配置，作者选择 G20 国家中的美国、法国、韩国与印度进行详尽分析。

如图 8-1 所示，2008 年金融危机爆发后，美国经常账户绝对规模在缩小的同时，海外净资产收益反转为正，并呈上升态势。这种收支调整有利于美国实现经常账户再平衡与自身财富的积累，即作为债务人在国际借贷中非但不用支出利息反而收获了可观的资产收益。

这种收支的演进趋势与美国海外资产和负债的配置组成、期限结

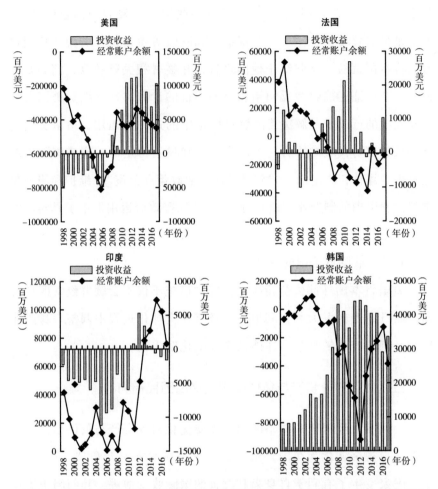

图 8-1　美国、法国、印度、韩国经常账户余额与投资收益的演进（1998~2017 年）

资料来源：CEIC。

构、币种组成高度相关。首先，查看国际收支头寸表，不难发现危机后美国的海外资产中股权的占比显著大于债权占比，特别是在直接投资与投资组合中，权益类资产与债务类资产之比约为 5∶1。而在危机后流动性极为宽松的环境下，股权的收益率显著高于债权，因此美国可以从海外资产中获得高额的回报率。在美国的海外负债中同样权益类资产占比更高，权益类资产是债务类资产的 3 倍左右，这同时意味着美国需要定期还本付息的债务占比有限，而境外负债则快速积累。其次，作为全球最大的债务国，美国债务的期限结构也决定着海外资产的收益，其长期债务与短期债务之比约为 2：1，大部分为长期债务，更具体来说是低收益的美国国债。危机后长时间的量化宽松政策令美国长短期利率显著低于他国，因此美国不具有短期偿本付息的债务压力。再次，查看美国债务的币种结构可以发现外债中以本币计价债务约占 93%，以外币计价的债务仅占 7%，这可以避免货币错配引起的国债收益率损失。

危机后，法国国际收支的演进有利于自身福利的改善，大多数年份作为逆差国而投资收益为正。首先，与美国类似，法国海外资产配置中近 80% 为权益类资产，20% 为债务类资产，法国可以从权益类资产中获得更高的回报率，而法国海外债务中，大部分仍为债权而非股权，需要定期还本股息，这就导致法国投资收益率整体低于美国，并且在个别年份投资收益出现负值。其次，法国所偿还外债中，短期债务与长期债务比例约为 2：3，这就减轻了法国短期流动性债务压力，降低了流动性风险。再次，在法国所有外债中政府外债占比较低，仅为 26%，再加上几乎大部分外债为本币债务（欧元债务），欧元同为国际储备货币，这就导致法国具有较低的偿付压力，能够最大限度避免期限结构错配与货币错配带来的收益率损失。

韩国与印度作为新兴经济体，同样发生有利于自身福利提高的国际收支演进。比较韩国危机前（1998~2007 年）与危机后（2008~2014 年）的国际收支头寸表可以看出以下几点。首先，韩国的海外资产中股权与债权之比大约为 8：1，在危机前后并未发生显著的比例变化，而危机后海外负债中债务占比小幅上升；其次，韩国外债中长短期债务占比在危机前后差别不大；再次，从外债货币组成中不难看出，危机后韩国政府显著提升了外债中本币债务的比例，比危机前提升了近一倍左右，最大限度避免了货币错配、汇率波动引起的收益损失。

印度与韩国海外资产配置结构有相似亦有不同之处。首先，印度收支调整与金融危机并无较大关联，收支的改善开启于 2005 年；其次，印度长期外债与短期外债之比约为 5∶2，长期外债占比较高使印度不面临短期偿付压力；再次，印度海外资产与负债中权益类占比显著高于债权类占比，例如，印度海外资产中股权与债权占比约为 13∶5，同时海外负债中股权与债权之比为 5∶4，股权比例显著高于债权，这降低了印度利息偿还率；最后，与韩国不同的是印度大部分债务均为外币债务，容易受到货币错配影响，这也导致未来印度国际收支演进存在一定的不确定性。

由此可见，优化国外资产配置、减少负债美元化、降低货币错配与债务期限结构错配，才能将对外部门盈余转化为国民福利。

四　构建宏观审慎政策框架，防范外部风险向内部传导

由于经常账户调整将在特定时期内对一国实际有效汇率、国内资产价格变动及货币政策操作构成显著影响，这就意味着需要警惕对外部门风险向国内转移，进而引发系统性金融风险。因此，构建宏观审慎政策框架能够有效防止系统性金融风险的爆发。

宏观审慎监管政策框架具体目标可分解为两部分。其一是限制金融风险的积累、降低金融危机的可能性及强度，其二是增强金融体系应对经济下滑和其他负面冲击的能力。目标一相当于对系统风险的事前预防，目标二则相当于对风险的事后补救。针对对外部门跨境资金

管理，宏观审慎的目标是克服资本流动的顺周期性与杠杆放大作用，实现金融稳定。具体而言，需要从逆周期调节加杠杆行为和抑制短期投机行为入手，在资本流动两端操作，管控不规则资本流动。例如，当存在较大的资本内流压力时，宏观审慎政策可通过提高借款门槛、改变资本流动规模并优化期限结构，抑制市场主体过度加杠杆行为和负债外币化倾向，降低货币错配和期限错配风险；当面临较大的资本流出压力时，宏观审慎政策可以提高货币兑换和套期保值成本，抑制市场主体囤积外汇和外币负债去杠杆的"羊群效应"，还可扩张市场主体的外部负债空间，吸引资本流入，控制顺周期性和市场传染。

在宏观审慎政策工具选择方面，一是需要将时间维度与横截面维度并重，在时间维度上设置逆周期资本要求、动态保证金要求、前瞻性贷款拨备、贷款价值比（LTV）等，在横截面维度上进行银行监管，设置系统重要性银行资本附加、税率、风险集中度限制等；二是确定性规则与相机抉择并用，即规定严格的贷款损失准备金、资金要求与资本附加费之比下限，并对金融风险及时预警，对宏观审慎政策工具及时进行数量上的调整；三是数量型资本管制工具与价格型资本管制工具并重，例如净稳定融资比例等宏观审慎工具的数量固定、边际成本不固定，而托宾税等宏观审慎工具编辑成本固定、数量不固定。

在建立完整有效的宏观审慎监管体系下，国内有效实现金融稳定、外部冲击能最大化得到对冲，经常账户调整对国内宏观经济的负面潜在影响能够最大化予以缓冲。

参考文献

蔡兴，肖翔，2017. 人力资本、国际分工新形态与全球失衡 [J]. 经济科学 (3): 19-31.

陈创练，2013. 经常账户失衡与人民币汇率的动态运行：基于新开放经济宏观动态一般均衡模型的估计 [J]. 山西财经大学学报 (9): 31-41.

陈继勇，胡艺，2007. 知识经济时代与世界经济失衡问题的再认识 [J]. 世界经济 (7): 22-29.

陈继勇，周琪，2013. 经济增长动力耦合与全球经济再平衡 [J]. 武汉大学学报（哲学社会科学版）(6): 6-11.

樊纲，魏强，刘鹏，2009. 中国经济的内外均衡与财税改革 [J]. 经济研究，44 (08): 18-26.

黄薇，2012. 全球经济治理之国际储备货币体系改革 [J]. 国际金融研究 (12): 12-25.

黄益平，陶坤玉，2011. 中国外部失衡的原因与对策：要素市场扭曲的角色 [J]. 新金融 (6): 7-13.

纪敏，李宏瑾，牛慕鸿，2018. 降杠杆需要保持合理适度的利率水平 [J]. 金融纵横 (4): 3-8.

江静，2013. 中国企业储蓄率——来自企业的微观证据［J］. 经济理论与经济管理（10）：83-92.

姜波克，2001. 国际金融新编［M］. 复旦大学出版社.

雷达，赵勇，2013. 全球经济再平衡下的中美经济：调整与冲突［J］. 南开学报（哲学社会科学版）（1）：11-18.

李姗，2009. 论美国金融危机的原因及其影响［J］. 中山大学学报（社会科学版）（2）：184-189.

李婧，刘瑶，周琰，2019. 新兴经济体资本账户开放与宏观审慎监管研究［M］. 北京：中国金融出版社.

李晓，丁一兵，2007. 现阶段全球经济失衡与中国的作用［J］. 吉林大学社会科学学报（1）：17-26.

李扬，2014. 失衡与再平衡［J］. 国际金融研究（3）：5-8.

李扬，殷剑峰，2007. 中国高储蓄率问题探究——1992—2003 年中国资金流量表的分析［J］. 经济研究（6）：14-26.

廖泽芳，彭刚，2013. 全球经济失衡的调整趋势——基于美国中心的视角［J］. 经济理论与经济管理（1）：106-114.

林毅夫，2013. 中国经济发展要走比较优势之路［J］. 经济导刊（Z5）：50-53.

刘伟丽，2011. 全球经济失衡与再平衡问题研究［J］. 经济学动态（4）：84-87.

刘瑶，张明，2018a. 全球经常账户再平衡：特征事实、驱动因素与有效路径［J］. 世界经济研究（7）：3-14.

刘瑶，张明，2018b. 全球经常账户失衡的调整：周期性驱动还是结构性驱动？［J］. 国际金融研究（8）：33-43.

刘瑶，张明，2018c. 特朗普政府经济政策：政策梳理、效果评

估与前景展望 [J]．财经智库（3）：27-43．

刘瑶，张明，兰瑞轩，2019．中国经常账户演进的原因、趋势与应对 [J]．国际贸易（9）：33-39．

乔纳森·安德森，2010．中国储蓄之迷思 [J]．国际金融研究（1）：48-49．

邵科，2011．美国储蓄率倒"U"型走势及对全球经济金融的影响 [J]．新金融，（1）：35-39．

谭人友，葛顺奇，刘晨，2015．全球价值链分工与世界经济失衡——兼论经济失衡的持续性与世界经济再平衡路径选择 [J]．世界经济研究（2）：32-42．

汪伟，2010．经济增长、人口结构变化与中国高储蓄 [J]．经济学（季刊），9（1）：29-52．

王国刚，2013．从次贷危机看资产证券化 [J]．中国金融（21）：29-31．

王汉儒，2012．欧债危机爆发根源的再思考——基于国际货币体系视角的分析 [J]．当代财经（11）：48-56．

徐建炜，姚洋，2010．国际分工新形态、金融市场发展与全球失衡 [J]．世界经济（3）：3-30．

徐琨，谭小芬，2016．中国数量型与价格型货币政策的权衡协调——基于含银行资本约束与金融资产的 DSGE 分析 [J]．投资研究（5）：4-18．

杨盼盼，徐建炜，2014．"全球失衡"的百年变迁——基于经验数据与事实比较的分析 [J]．经济学（季刊）（2）：625-646．

杨天宇，刘莉，2013．全要素生产率增长率与世界各国的储蓄率差异 [J]．世界经济研究（10）：3-7．

姚洋，2009. 如何治愈全球经济失衡［J］. 中国金融（18）：37-39.

殷剑峰，2013. 储蓄不足、全球失衡与"中心-外围"模式［J］. 经济研究（6）：33-44.

殷剑峰，2016. 中国金融发展报告（2016）［M］. 社会科学文献出版社.

尹志超，路晓蒙，2015. 中国企业高储蓄率之谜［J］. 统计研究，32（2）：16-22.

余永定，2014. 中国企业融资成本为何高企？［J］. 国际经济评论（6）：13-20.

余永定，覃东海，2006. 中国的双顺差：性质、根源和解决办法［J］. 世界经济（3）：31-41.

余永定，肖立晟，2017. 解读中国的资本外逃［J］. 国际经济评论（5）：97-115.

张晶，2015. 人口结构变化与经常账户调整——来自中国省域面板数据的研究［J］. 金融与经济（12）：15-20.

张坤，2015. 金融发展与全球经济再平衡［J］. 国际金融研究（2）：14-22.

张坤，2016. 全球经济失衡，逆转还是持续——基于金融发展不对称视角［J］. 财经科学（11）：1-11.

张明，2007. 全球国际收支失衡的调整及对中国经济的影响［J］. 世界经济与政治（7）：75-80.

张明，2010. 全球经济再平衡：美国和中国的角色［J］. 世界经济与政治（9）：132-148.

张明，2012. IMF 评估汇率失衡的新方法 EBA 述评［J］. 经济学动态（7）：117-121.

张明，2012. 中国国际收支双顺差：演进前景及政策涵义 [J].
上海金融（6）：3-9.

张明，2018. 改革开放四十年来中国国际收支的演变历程、发展
趋势与政策涵义 [J]. 国际经济评论（6）：38-51.

张燕生，2006. 全球经济失衡条件下的政策选择 [J]. 国际经济
评论（2）：40-42.

张幼文，薛安伟，2013. 要素流动的结构与全球经济再平衡
[J]. 学术月刊（9）：66-73.

朱超，林博，张林杰，2013. 全球视角下的人口结构变迁与国际
资本流动 [J]. 国际金融研究（2）：26-36.

朱超，余颖丰，易祯，2018. 人口结构与经常账户：开放 DSGE
模拟与经验证据 [J]. 世界经济（9）：3-17.

朱超，张林杰，2012. 人口结构能解释经常账户平衡吗 [J]. 金
融研究（5）：30-44.

祝丹涛，2008. 金融体系效率的国别差异和全球经济失衡 [J].
金融研究（8）：29-38.

Aguiar M，Amador M，2011. Growth in the shadow of expropriation
[J]. The quarterly journal of economics，126（2）：651-697.

Ahearne A G，Griever W L，Warnock F E，2004. Information costs
and home bias：an analysis of US holdings of foreign equities [J]. Journal
of international economics，62（2）：313-336.

Ahmed S，Zlate A，2014. Capital flows to emerging market economies：
A brave new world？[J]. Journal of international money and finance，48：
221-248.

Alberola E , Ángel E, Viani F, 2018. Global imbalances from a stock perspective. The asymmetry between creditors and debtors [R] . BIS working papers, No. 707, Bank for International Settlements, Basel.

Arellano M, Bond S, 1991. Some tests of specification for panel data: Monte Carlo evidence and an application to employment equations [J] . The review of economic studies, 58 (2): 277-297.

Benigno G , Fornaro L, 2012. Reserve accumulation, growth and financial crises [R] . Centre for Economic Performance, London School of Economics and Political Science.

Bernanke B S, 2005. The global saving glut and the US current account deficit [R] . BIS Review.

Bettendorf T, 2017. Investigating global imbalances: empirical evidence from a GVAR approach [J] . Economic modelling, 64: 201-210.

Blundell R, Bond S, 1998. Initial conditions and moment restrictions in dynamic panel data models [J] . Journal of econometrics, 87 (1): 115-143.

Buera F J, Shin Y, 2017. Productivity growth and capital flows: the dynamics of reforms [J] . American economic journal: macroeconomics, 9 (3): 147-85.

Caballero R J, Farhi E, Gourinchas P O, 2008. An equilibrium model of "global imbalances" and low interest rates [J] . American economic review, 98 (1): 358-93.

Caves R E, Crowther G, Harris S E, et al, 1958. Balances and imbalances of payments: the George H. Leatherbee lectures, 1957 [J] . Review of economics & statistics, 40 (4): 425.

Chen K , Imrohoroglu A , Imrohoroglu S , 2006. The Japanese saving rate [J] . American economic review, (96): 1850-1858.

Chinn M D, Ito H, 2008. A new measure of financial openness [J] . Journal of comparative policy analysis, 10 (3): 309-322.

Cline W R, Williamson J, 2008. Estimates of fundamental equilibrium exchange rate [R] . PIIE policy brief.

Cooper R N, 2015. A half century of development [R] CID faculty working paper No. 118.

Corden W M, 2012. Global imbalances and the paradox of thrift [J]. Oxford review of economic policy, 28 (3): 431-443.

Crowther G, 1957. Balance and Imbalances of payments [M]. Boston, MA: Harvard University Press.

Dadush U, 2013. Who says the Euro crisis is over [R] . Carnegie endowment for international peace.

Djigbenou-Kre M L, Park H, 2016. The effects of global liquidity on global imbalances [J] . International review of economics & finance, 42: 1-12.

Domeij D, Floden M, 2006. Population aging and international capital flows [J] . International economic review, 47 (3): 1013-1032.

Dooley M P, Folkerts-Landau d, Garber P, 2007. 3 Direct investment, rising real wages, and the absorption of excess labor in the periphery [M] . University of Chicago Press.

Edwards S, 2007. On current account surpluses and the correction of global imbalances [R] . National bureau of economic research.

Eichengreen B, 2006. Global imbalances: the new economy, the dark matter, the savvy investor, and the standard analysis [J]. Journal of policy modeling, 28 (6): 645-652.

Eichengreen B, O' Rourke K H, 2009. A tale of two depressions [J]. VoxEU. org, 1.

Enrique A, Estrada Á, Viani F, 2019. Global Imbalances from a stock perspective [R]. BIS Working Papers.

Fan J, Kalemli-Özcan Ş, 2016. Emergence of Asia: reforms, corporate savings, and global imbalances [J]. IMF economic review, 64 (2): 239-267.

Forbes K J, Warnock F E, 2012. Debt-and equity-led capital flow episodes, NBER working papers (No. W17832).

Fu X, Ghauri P, 2020. Trade in intangibles and the global trade imbalance [J]. The world economy, (44): 1448-1469.

G20 Summit, 2009. G20 declaration on further steps to strengthen the financial system [R]. the 2009 G20 Summit, September.

Ghironi F, Lee J, Rebucci A, 2015. The valuation channel of external adjustment [J]. Journal of international money & finance, 57 (6): 86-114.

Gourinchas P O, Jeanne O, 2013. Capital flows to developing countries: The allocation puzzle [J]. Review of economic studies, 80 (4): 1484-1515.

Gourinchas P O, Rey H, 2007. International financial adjustment [J]. Journal of political economy, 115 (4): 665-703.

Gourinchas P O, Rey H, 2014. External adjustment, global imbalances, valuation effects [M]//Handbook of international economics. Elsevier, 4: 585-645.

Gu X, LEI C K, Sheng L, et al., 2020. Global current account imbalances and the link between income and consumption inequality [J]. Review of international economics (2): 47-67.

Habermeier K F, Otker-Robe I, Luis I J, Giustiniani A, Francisco F V, 2009. Inflation pressures and monetary policy options in emerging and developing countries—a cross regional perspective [R]. IMF Working Papers.

Helkie W L, Hooper P, 1987. The US external deficit in the 1980s: an empirical analysis [R].

Ho L S, 2006. A sustainable currency regime for Hong Kong and the mainland [M]. China, Hong Kong and the world economy: Studies on globalization. Palgrave Macmillan: 101-118.

Hochmuth B, Moyen S, Sthler N, 2019. Labor market reforms, precautionary savings, and global imbalances [R]. Deutsche Bundesbank discussion papers, No. 13.

Hubbard R G, 2006. The US current account deficit and public policy [J]. Journal of policy modeling, 28 (6): 665-671.

IMF, 2017. Technical background note: 2015 refinements to the external balance assessment (EBA) methodology [R]. July 26th.

IMF, External Balance Assessment (EBA), 2012. Technical background of the pilot methodology [R]. August 3.

Iscan T B, 2011. Productivity growth and the U. S. saving rate. *Economic Modelling*, 2011 (28): 501-514.

Judson R A, Owen A L, 1999. Estimating dynamic panel data models: a guide for macroeconomists [J]. Economics letters, 65 (1): 9-15.

Kessing S G, Konrad K A, Christos K, 2007. Foreign direct investment and the dark side of decentralization [J]. Economic policy, 49 (1): 5-70.

Kiviet J F, 1995. On bias, inconsistency, and efficiency of various estimators in dynamic panel data models [J]. Journal of econometrics, 68 (1): 53-78.

Korinek A, 2020. Managing capital flows: theoretical advances and IMF policy framework [R]. IEO background paper, BP20-02/01.

Krugman P R, 1991. Target zones and exchange rate dynamics [J]. The quarterly journal of economics, 106 (3): 669-682.

Krugman P, 1989. Differences in income elasticities and trends in real exchange rates [J]. European economic review, 33 (5): 1031-1046.

Krugman P, 2009. The risk of economic crisis [M]. University of Chicago Press.

Lane M P R, Milesi-Ferretti M G M, 2014. Global imbalances and external adjustment after the crisis [M]. International Monetary Fund.

Lane P R, Shambaugh J C, 2010. The long or short of it: Determinants of foreign currency exposure in external balance sheets [J]. Journal of international economics, 80 (1): 33-44.

Leachman L L, Francis B, 2002. Twin deficits: apparition or reality? [J]. Applied economics, 34 (9): 1121-1132.

Long M, Malitz I, 1985. The investment-financing nexus: Some empirical evidence [J]. Midland corporate finance journal, (3): 53-59.

Love I, Zicchino L, 2006. Financial development and dynamic

investment behavior: evidence from panel var [J]. Quarterly review of economics and finance, 46 (2): 190-210.

Mann C L, 1999. Market mechanisms to reduce the need for IMF bailouts [R].

Mayer J, 2012. Global rebalancing: effects on trade and employment [J]. Journal of Asian economics, (23): 627-642.

Mckinnon R, 2005. Exchange rate or wage changes in international adjustment? [J]. International economics and economic policy, 2 (2-3): 261-274.

Mendoza E G, Quadrini V, Rios-Rull J V, 2009. Financialintegration, financial development, and global imbalances [J]. Journal of political economy, 117 (3): 371-416.

Mileva M, 2015. Valuation effects and long-run real exchangerate dynamics [J]. Journal of international money and finance, 51: 390-408.

Mundell R, 2007. Dollar standards in the dollar era [J]. Journal of policy modeling, 29 (5): 677-690.

Mustafa G, Ghaffar A, Aslam M, 2013. Asubdivision-regularization framework for preventing over fitting of data by a model [J]. Appl. Math. Int. J, 8 (1): 178-190.

Myers S C, 1984. Finance theory and financial strategy [J]. Interfaces, 14 (1): 126-137.

Myers S C, Majluf N S, 1982. Stockissues and investment policy when firms have information that investors do not have [R]. National bureau of economic research.

Obstfeld M, Rogoff K S, 2002. Foundation of international macroeconomics

[M]．186（1）．

Obstfeld M，1996. Destabilizing effects of exchange-rate escape clauses [R]．Social science electronic publishing，43（1-2）：61-77.

Obstfeld M ，2014. The unsustainable US current account revisited [R]．NBER working paper series，No. 10869.

Obstfeld M，1997. Destabilizing effects of exchange-rate escape clauses [J]．Journal of international economics，43（1-2）：61-77.

Obstfeld M，2008. Floating exchange rate：experience and prospects [R]．Brooking papers on economic activity.

Obstfeld M，Rogoff K S，2005. Global current account imbalances and exchange rate adjustments [J]．Brookings papers on economic activity，（1）：67-146.

Obstfeld M，Rogoff K，1995. Exchange rate dynamics redux [J]．Journal of political economy，103（3）：624-660.

Park D，Shin K，Jongwanich J，2009. The decline of investment in East Asiasince the Asian financial crisis：An overview and empirical examination [R]．Asian Development Bank economics working paper series，（187）．

Rajan R G，Zingales L，2006. The persistence of underdevelopment：institutions，human capital or constituencies [R]．CEPR discussion papers.

Rato R D，2015. Global imbalances and global poverty-challenges for the IMF [N]．IMF remarks，February 23rd.

Reinhart C M，Rogoff K S ，2010. Growth in a time of debt [J]，American economic review，100（2）：573-578.

Sachs J，1983. The current account in the macroeconomic adjustment process [M] //Long-run effects of short-run stabilization policy. Palgrave Macmillan, London: 15-27.

Song Z, Storesletten K, Zilibotti F, 2011. Growing like China [J] . American economic review, 101 (1): 196-233.

Steven Philips, et al. , 2013, The External Balance Assessment (EBA) methodology [R] . IMF Working Paper, No. WP/13/272.

Taylor J, 2009. The financial crisis and the policy responses: an empirical analysis of what went wrong [R] . NBER working paper series.

Thirlwall A P, 1979. The balance of payments constraint as an explanation of the international growth rate differences [J] . PSL quarterly review, 32 (128) .

Toloui R, 2013. What role for emerging markets after the sell-off? [R] . Financial market research.

Tyers R , Bain I, 2008. American and european financial shocks: implications for Chinese economic performance [R] . Cama working papers.

William J, 1985. The exchange rate system (2nd ed.) [M] . Washington, D. C. : Institution for International Economics.

Wilson P. Exchange rates and the trade balance for dynamic Asian economies—Does the J-Curve exist for Singapore, Malaysia, and Korea? [J] . Open economic review 12, 389-413.

Xu J, Yang P, Ma G, 2021. Why has China current account balance converged after the global financial crisis? [J] . China & World economy, 29 (1): 109-129.

Zhang M, Liu Y, 2019. Global imbalance adjustment: stylized facts, driving factors and China's prospects ［J］. China & World economy, 27 (6): 79-103.

Ötker M I, Vávra D, Vázquez M F F, et al., 2009. Inflation pressures and monetary policy options in emerging and developing countries-a cross regional perspective ［M］. International Monetary Fund.

图书在版编目（CIP）数据

全球失衡调整的可持续性：一般规律与中国案例 /
刘瑶著. --北京：社会科学文献出版社，2023.8
ISBN 978-7-5228-2087-3

Ⅰ.①全…　Ⅱ.①刘…　Ⅲ.①金融风险防范-研究-
世界　Ⅳ.①F831.5

中国国家版本馆 CIP 数据核字（2023）第 125436 号

全球失衡调整的可持续性：一般规律与中国案例

著　　者 / 刘　瑶

出 版 人 / 冀祥德
组稿编辑 / 恽　薇
责任编辑 / 孔庆梅
责任印制 / 王京美

出　　版 / 社会科学文献出版社·经济与管理分社（010）59367226
　　　　　地址：北京市北三环中路甲 29 号院华龙大厦　邮编：100029
　　　　　网址：www.ssap.com.cn
发　　行 / 社会科学文献出版社（010）59367028
印　　装 / 三河市尚艺印装有限公司

规　　格 / 开　本：787mm×1092mm　1/16
　　　　　印　张：14　字　数：170 千字
版　　次 / 2023 年 8 月第 1 版　2023 年 8 月第 1 次印刷
书　　号 / ISBN 978-7-5228-2087-3
定　　价 / 98.00 元

读者服务电话：4008918866